rowohlts monographien
begründet von Kurt Kusenberg
herausgegeben
von Wolfgang Müller und Uwe Naumann

Heinrich VIII.

mit Selbstzeugnissen
und Bilddokumenten
dargestellt von
Uwe Baumann

Rowohlt

Dieser Band wurde eigens für «rowohlts monographien» geschrieben
Den Anhang besorgte der Autor
Redaktionsassistenz: Katrin Finkemeier
Umschlaggestaltung: Walter Hellmann
Vorderseite: Heinrich VIII. Gemälde von Hans Holbein d. J., 1536
(Thyssen-Bornemisza-Sammlung, Lugano)
Rückseite: Die sechs Ehefrauen Heinrichs VIII.
(Quellen siehe Quellennachweis S. 160)

Veröffentlicht im Rowohlt Taschenbuch Verlag GmbH,
Reinbek bei Hamburg, Juni 1991
Copyright © 1991 by Rowohlt Taschenbuch Verlag GmbH,
Reinbek bei Hamburg
Alle Rechte an dieser Ausgabe vorbehalten
Satz Times (Linotronic 500)
Gesamtherstellung Clausen & Bosse, Leck
Printed in Germany
ISBN 3 499 50446 4

4. Auflage Juni 2001

Inhalt

Vorwort 7

Der junge König 10

Kindheit und Jugend 10 – Wiederaufnahme des Hundertjährigen Krieges 20 – Der Aufstieg Thomas Wolseys 35 – England und Europa 1514–1527 41

Die Eheaffäre 58

Bis zum Sturz Kardinal Wolseys 58 – Thomas Cromwell und die Trennung von Rom 75 – Die königliche Suprematie: Englische Innenpolitik 1534–1539 89

Das letzte Jahrzehnt 111

England und Europa 1537–1540 111 – Rückkehr in den Krieg 119 – Die letzten Monate: Sicherung der Nachfolge 126 – Bilanz: Die Regierungszeit Heinrichs VIII. 134

Anmerkungen 138
Zeittafel 144
Zeugnisse 148
Bibliographie 150
Namenregister 158
Über den Autor 160
Quellennachweis der Abbildungen 160

Heinrich VIII. Gemälde von Hans Holbein d. J., 1540

Vorwort

Die Menschen können nicht sagen, wie sich eine Sache zugetragen, sondern nur wie sie meinen, daß sie sich zugetragen hätte.
Georg Christoph Lichtenberg, «Sudelbücher»

Ein alter englischer Kinderreim faßt als das Eindrucksvollste und (Be)merkenswerteste an Heinrich VIII. zusammen:

«Bluff Henry the Eighth to six spouses was wedded:
One died, one survived, two divorced, two beheaded».

(Der grobe Heinrich VIII. war mit sechs Frauen verheiratet: Eine starb, eine überlebte, von zweien ließ er sich scheiden, zwei ließ er köpfen.)

Wie dieser Kinderreim scheinbar nur den Privatmann Heinrich VIII. beschreibt, so resümieren die letzten Merksätze eines in England sehr verbreiteten, modernen Schulbuchs, R. J. Unsteads «Looking at History: Tudors and Stuarts», die politische Lebensleistung Heinrichs VIII.: «Er baute eine Kriegsmarine auf und machte England stärker und wichtiger in Europa. Er stritt mit dem Papst, schloß die Klöster und machte sich selbst zum Oberhaupt der Kirche von England.»[1]* Das faszinierende, von Legenden überwucherte Privatleben des Königs als derjenige Teil seiner Persönlichkeit, der in der Öffentlichkeit präsent ist, einerseits, und die um Objektivität bemühte Bewertung seiner politischen Leistungen als Aufgabe für die Fachhistoriker andererseits, mit dieser künstlichen Aufspaltung wird man Heinrich VIII. weder als Person noch als König gerecht. Ein Relikt solcher unnatürlichen Aufspaltung Heinrichs VIII. in Privatmann und König liegt noch Lacy B. Smiths prägnanter Formel – «Heinrich war ein Widerling und ein prüder Pedant in seinem Privatleben, aber er war ein großer König» – zugrunde.[2]

Die politische Lebensleistung wie auch die Persönlichkeit des Königs, der als Heinrich VIII. sein Land fast 38 Jahre lang, von 1509 bis 1547, regierte, war schon bei seinen Zeitgenossen heftig umstritten. Von den

---
* Die hochgestellten Ziffern verweisen auf die Anmerkungen S. 138f.

einen als Blaubart und Tyrann verfemt, als eitler Despot und Zerstörer der Klöster verflucht, galt er den anderen als Werkzeug der göttlichen Vorsehung, das England von den Irrtümern des Papismus befreite, und als großer König, der seinem Reich zu Ruhm und Ansehen verhalf. Schillers Wallenstein-Verse – «Von der Parteien Gunst und Haß verwirrt/ Schwankt sein Charakterbild in der Geschichte» – formulieren sowohl für die zeitgenössischen als auch für die späteren Beurteilungen Heinrichs VIII. eine tiefe historische Wahrheit. «In der ganzen englischen Geschichte», so schreibt A. F. Pollard, der Verfasser einer klassisch gewordenen Biographie Heinrichs VIII., «gibt es keinen Herrscher, dessen Charakter... heftiger umstritten ist als der des ‹majestätischen Herrn, der die Fesseln Roms zerbrach›. Er hatte sechs Frauen: von zweien ließ er sich scheiden, zwei andere ließ er enthaupten. Vier Kardinäle lebten unter seiner Herrschaft (Bainbridge, Wolsey, Fisher, Pole): einer starb unter dem Beil des Henkers, einer entging diesem Schicksal nur, weil er abwesend war, und ein anderer starb gerade noch rechtzeitig eines natürlichen Todes.»[3]

Die schillernde, imposante Persönlichkeit des Königs wie auch die historische Bedeutung seiner Regierungszeit an der Schwelle zur Neuzeit rückten Heinrich VIII. immer wieder in den Mittelpunkt historisch-biographischer Forschung. Die drei jüngsten Biographien über Heinrich VIII. (John J. Scarisbrick, 1968, L. B. Smith, 1971, und Jasper Ridley, 1984) bieten jeweils auf mehr als 500 Seiten ein detailreiches, um Objektivität bemühtes Porträt des Königs und seiner Epoche. Darüber hinaus liegen in dem Sammelband von Eberhard Jacobs und Eva de Vitray[4] viele wichtige Quellentexte mittlerweile auch in deutscher Übersetzung vor. Was soll also dann eine weitere Biographie Heinrichs VIII.? So überraschend es sein mag, eine kurze, knappe und doch historisch präzise Biographie Heinrichs VIII. ist ein Desiderat. Daher möchte ich im folgenden keine grundsätzliche Neubewertung Heinrichs VIII. vorlegen, sondern eher eine – im wesentlichen aus den Quellen gearbeitete – Skizze der Persönlichkeit und der Regierungszeit Heinrichs VIII., die – ungeachtet der intensiven historischen Forschung speziell der letzten Jahrzehnte – in vielem rätselhaft und widersprüchlich bleibt und bleiben wird.

Allein der für dieses Vorhaben zur Verfügung stehende Raum zwingt von vornherein zur Auswahl und in manchen Punkten auch zum bewußten Verzicht. So wird im folgenden nicht jeder Hochverrats- oder Ketzerprozeß, für den Heinrich VIII. letztlich verantwortlich zeichnete, Erwähnung finden können, und auf die Darstellung der historischen Entwicklung einzelner Gerichtshöfe (etwa der Sternkammer) oder Ämter (etwa der Friedensrichter) muß ganz verzichtet werden; das heißt auf das innenpolitisch bedeutsame Reformwerk Thomas Wolseys. Ebenso wird weitgehend auf die Analyse und Darstellung der sozial- und wirtschaftsgeschichtlichen Entwicklung Englands in der ersten Hälfte des 16. Jahrhunderts verzichtet. Das Literaturverzeichnis trägt diesem strukturellen Verzicht in der Darstellung insofern Rechnung, als dort auch zu diesen speziellen Fragen die wichtigsten neueren Studien verzeichnet sind.

Die Zielsetzung, sowohl Persönlichkeit als auch Regierungszeit Heinrichs VIII. auf knappem Raum zu skizzieren, impliziert, daß einige Akzente – wiewohl repräsentativ ausgewählt – subjektiv gesetzt werden müssen. So wird denn im folgenden mancher einige Akzente anders gesetzt sehen wollen, wird etwa den Prozeß gegen Thomas More für sehr viel bedeutsamer halten als den gegen Anne Boleyn, oder er wird die Ausführungen zu den diplomatischen Aktivitäten in den Jahren 1514 bis 1527 für zu summarisch halten. Dem Reformationshistoriker wird das Kapitel über die Trennung von Rom zu kurz, dem psychoanalytisch interessierten Leser die Darstellung der Ehen bzw. des Privatlebens Heinrichs VIII. zu karg erscheinen, und vollends werden viele Leser das Porträt Heinrichs VIII. insgesamt als allzu positiv empfinden. Aber speziell das letztere nehme ich gern in Kauf, zu oft ist Heinrich VIII. (auch in Funk, Film und Fernsehen) bisher als blutrünstiges Ungeheuer dargestellt worden. Es geht im folgenden nicht um eine – im übrigen auch kaum mögliche – ‹Mohrenwäsche›, sondern um ein Porträt des englischen Königs, das den Menschen und Politiker Heinrich VIII. aus seiner eigenen Zeit heraus zu verstehen versucht.

Zu den angenehmen Pflichten gehört es, abschließend auch öffentlich Dank zu sagen für die vielfältige Unterstützung, die mir bei der Materialsuche und der Materialsichtung von vielen Seiten zuteil wurde. Ein erster Dank gilt den Bediensteten und Bibliothekaren der Bodleian Library in Oxford, der British Library und dem Public Record Office in London, die mit immer gleichbleibender Freundlichkeit meine Bücher- und Manuskriptwünsche erfüllten. Darüber hinaus gilt mein Dank all denen, in deren Fußstapfen ich bei meiner Skizze Heinrichs VIII. treten durfte, ein Dank, der durch die Nennung in den Anmerkungen und im Literaturverzeichnis nur ungenügend abgestattet werden kann, zumal viele dort aus Raumgründen nicht einmal genannt werden können. Neben einem solcherart notwendig pauschalen Dank seien daher Geoffrey R. Elton, John A. Guy und John J. Scarisbrick namentlich erwähnt, deren Standardwerke zu Heinrich VIII. und der Zeit der frühen Tudors insgesamt meine Sicht der englischen Geschichte in der ersten Hälfte des 16. Jahrhunderts nachhaltig geprägt haben.

Der junge König

Kindheit und Jugend

Am 22. August 1485 besiegte Heinrich Tudor, Graf von Richmond, den letzten York-König Richard III. (1452–85) in der Schlacht von Bosworth; noch auf dem Schlachtfeld wurde Heinrich als Heinrich VII. (1457–1509) zum König erhoben und am 7. November vom Parlament zum neuen und rechtmäßigen König erklärt. 1486 löste er sein Versprechen ein, heiratete Elisabeth von York (1466–1503) und vereinigte damit die beiden Häuser, die sich in der Vergangenheit blutige Kämpfe um den Thron geliefert hatten. Symbolisch vereinte die Ehe Heinrichs VII. mit Elisabeth von York die rote Rose des Hauses Lancaster mit der weißen Rose des Hauses York; und Heinrich sicherte mit dieser Ehe nachhaltig die eigenen im Grunde nur schwachen dynastischen Ansprüche auf den englischen Thron. Als drittes Kind dieser Ehe, als zweiter der insgesamt vier Söhne und zugleich als einziger Sohn, der das Erwachsenenalter erreichen sollte, wurde am 28. Juni des Jahres 1491 in der königlichen Residenz zu Greenwich Heinrich, der nachmalige König Heinrich VIII., geboren.[5] Als zweitgeborener Sohn stand er zunächst ganz im Schatten seines älteren Bruders Arthur (geb. 1486), dessen Name zugleich das Programm der Regierung Heinrichs VII. verkündete: Wie der mythische König Arthur (oder Arthus) dereinst England geeint hatte, so sollte auch Arthur Tudor, als Sproß der vollzogenen Vereinigung der Häuser Lancaster und York, endgültig die Fehden und Unruhen der sogenannten Rosenkriege (1455–85) vergessen lassen.

Der Status des Zweitgeborenen erklärt sicherlich zum Teil, daß über die Kindheit und die frühe Jugend Heinrichs kaum etwas bekannt ist. Im Grunde muß man sich damit begnügen, die Titel und Ehren aufzuzählen, die Heinrich verliehen wurden. Am 5. April 1493, also noch vor seinem zweiten Geburtstag, erhielt er sein erstes Amt, er wurde zum Vorsteher der Festung Dover und zum Aufseher der fünf Häfen (constable of Dover Castle and warden of the Cinque Ports) ernannt. Bald darauf wurde er zum Großzeremonienmeister von England (earl marshal of England) und am 12. September 1494 zum Statthalter von Irland (lieutenant of Ireland)

Heinrich VII.
Gemälde von
Michiel Sittow, 1505.
National Portrait Gallery,
London

Elisabeth von York.
Anonymes Gemälde,
spätes 16. Jahrhundert.
National Portrait Gallery,
London

bestellt. Am 30. und 31. Oktober wurde der dreijährige Knabe zum Ritter des Bathordens geschlagen. Der folgende Tag, der 1. November 1494, rückte den kleinen Heinrich kurzzeitig in den Mittelpunkt einer politisch bedeutsamen Machtdemonstration der neuen Dynastie. Vor dem gesamten Hochadel des Reiches, vor nahezu allen Prälaten und vielen Repräsentanten des Londoner Bürgertums ließ Heinrich VII. seinen Sohn Heinrich zum Herzog von York proklamieren: der einzig rechtmäßige Herzog von York sollte sein Sohn sein. Eine Woche später wurde die Erhebung Heinrichs zum Herzog von York im königlichen Palast von Westminster mit einem glanzvollen Turnier gefeiert, das die Pracht mittelalterlich-höfischen Rittertums wiederauferstehen ließ. Noch im Dezember desselben Jahres wurde auf Geheiß des Königs dem neuen Herzog das Amt des Schutzherren der Schottischen Grenzmarken (warden of the Scottish Marches) übertragen, am 17. Mai 1495 empfing der noch nicht vierjährige Heinrich den Hosenbandorden. Die mit den übertragenen Ämtern verbundenen Pflichten des jungen Prinzen wurden – wie in Anbetracht seines Alters auch kaum anders möglich – von Stellvertretern ordnungsgemäß wahrgenommen.[6]

Über die Ausbildung des jungen Prinzen sind ebenfalls nur wenige und darüber hinaus schwer überprüfbare Einzelheiten überliefert. Im Jahre 1649 schrieb Lord Herbert of Cherbury in seiner Biographie Heinrichs VIII., daß Heinrich VII. seinen zweitgeborenen Sohn ursprünglich für eine Karriere innerhalb der Kirche auserwählt hatte; Heinrich – so Lord Herbert – wäre von Heinrich VII. schon als Kind zum späteren Erzbischof von Canterbury ausersehen und auch bereits für diese zukünftige Aufgabe erzogen worden.[7] Für diese Pläne Heinrichs VII. gibt es jedoch keinerlei weitere Bestätigung, so daß man deren Historizität stark bezweifeln darf. Woher sollte Lord Herbert nach nahezu 150 Jahren seine intime Kenntnis der Pläne Heinrichs VII. beziehen? Es bleibt festzuhalten, daß nicht eine einzige zeitgenössische Quelle auch nur Hinweise auf solche Pläne Heinrichs VII. enthält; und man wird annehmen dürfen, daß angesichts der späteren Kirchenpolitik des Königs Heinrich VIII. seine vielen Gegner die tiefe historische Ironie eines solchen Plans Heinrichs VII. aufgegriffen und propagandistisch ausgeschlachtet hätten. Darüber hinaus scheint es mehr als zweifelhaft, nimmt man einmal die Existenz solcher Pläne Heinrichs VII. an, daß sie sich auf die Ausbildung des Knaben Heinrich überhaupt ausgewirkt hätten. Noch vor seinem elften Geburtstag trat er durch den Tod seines älteren Bruders Arthur (2. April 1502) ins Rampenlicht der Aufmerksamkeit. Er, der zweitgeborene Sohn, war plötzlich der Thronfolger, er war der zukünftige König des Reiches; alle denkbaren Pläne für eine kirchliche Laufbahn wären damit ohnehin überholt gewesen.

Der Titel seines toten Bruders Arthur, Herzog von Cornwall, wurde im Oktober 1502 auf Heinrich übertragen, und weitere vier Monate später,

Kinderbildnis Heinrichs VIII.:
eine Federzeichnung.
Bibliothèque de Méjanes
in Aix-en-Provence

am 18. Februar 1503, wurde der nun zwölfjährige Heinrich zum Prinzen von Wales* und zum Grafen von Chester ernannt. Er war damit endgültig aus dem Schatten seines älteren und so früh verstorbenen Bruders Arthur herausgetreten.

Für eine Rekonstruktion der Einzelheiten seiner Erziehung und Ausbildung sind wir größtenteils auf Vermutungen und Analogieschlüsse angewiesen. Ein erstes Licht auf den geistvollen Knaben Heinrich wirft bezeichnenderweise ein Bericht des großen Humanisten Erasmus von Rotterdam. Während seines ersten England-Aufenthalts (1499) stellten Thomas More und William Blount, Lord Mountjoy, den fremden Gelehrten dem jungen Prinzen Heinrich vor, ein Erlebnis, das Erasmus später ausführlich beschrieb: «Thomas More, der mich besucht hatte, während ich in Mountjoys Landhaus weilte, hatte mit mir einen Spaziergang bis zum nächsten Städtchen unternommen. Denn dort wurden mit Ausnahme Arthurs, des ältesten Sohnes, alle königlichen Kinder erzogen. Als wir zum Rathaus kamen, war das gesamte Gefolge schon versammelt, nicht nur die Gefolgschaft des Palastes, sondern auch die Mountjoys. In ihrer Mitte stand Heinrich, neun Jahre alt und bereits ein gewisses königliches Benehmen verratend: nämlich Würde des Geistes, verbunden mit

---

* Titel werden durchgängig ins Deutsche übertragen, Namen nur dann, wenn die deutsche Namensform eingebürgert ist.

bemerkenswerter Höflichkeit. Zu seiner Rechten stand Margarete, etwa elf Jahre alt, die später den Schottenkönig Jakob heiratete. Zu seiner Linken spielte Mary, ein Kind von vier Jahren. Edmund wurde noch auf dem Arm getragen. More und sein Gefährte Arnold grüßten Heinrich (den gegenwärtigen König Englands) und überreichten ihm irgendein Schreiben. Da ich auf nichts Derartiges gefaßt war, hatte ich ihm nichts anzubieten; ich versprach aber, daß ich ein andermal auf irgendeine Weise meine Aufwartung machen würde. Mittlerweile war ich etwas ärgerlich über More, weil er mich nicht vorbereitet hatte, vor allem deswegen, weil der junge Heinrich mich während des Essens durch ein Billet um eine Gabe meiner Feder bat. Ich begab mich nach Hause, und trotz des Widerstrebens der Musen, von denen ich lange getrennt war, vollendete ich das Gedicht in drei Tagen.»[8] Dieses Gedicht des Erasmus von Rotterdam, in dem Britannien sein eigenes Lob und das der Königsfamilie singt, rühmt die Schönheit und den Geist des jungen Heinrich: «Es folgt der Knabe Henricus, der sich des Namens seines Vaters freut. Die heiligen Quellen legt ihm Skelton dar, und von zarter Kindheit an beschäftigt sich sein Geist mit den Künsten Athens. Wie sehr sind die Gesichtszüge des Vaters in seinem Antlitz zu erkennen! So erstrahlte das Abbild des Vaters in Ascanius; so ähnelte Achill der schönen Thetis.»[9] Zieht man einmal die Gemeinplätze humanistischer Panegyrik von dieser Kurzbeschreibung Heinrichs ab, so verbleibt eine sachliche Aussage: der berühmte Dichter John Skelton[10] war wohl der erste Lehrer des Knaben Heinrich. Für die spätere Zeit ist ein gewisser William Hone als Lehrer Heinrichs gut bezeugt.[11]

Den Lektürekanon Heinrichs wird man sich ähnlich vorzustellen haben wie den Arthurs, über den wir durch dessen Mentor, Bernard André, verhältnismäßig gut unterrichtet sind. Arthur hatte mit seinem Lehrer die grammatischen Standardwerke, eine Auswahl aus den Schriften Homers, Vergils, Ovids, des Terenz und anderer, einen großen Teil der Werke Ciceros und ein breites Spektrum antiker Geschichtsschreiber, vor allem Thukydides, Caesar, Livius und Tacitus, studiert.[12] Wie und wann genau Heinrich seine Sprachkenntnisse vervollkommnete, wann und von wem er in die Anfangsgründe der Theologie und der Musik eingeführt wurde, all dies entzieht sich unserer Kenntnis. Vielleicht darf man mit Scarisbrick, dem modernen Biographen Heinrichs VIII., vermuten[13], daß Heinrichs Großmutter, Lady Margaret Beaufort, die Erziehung und Ausbildung ihres Enkelsohns leitete, daß sie die ersten Lehrer auswählte und über Inhalte und Ziele der Ausbildung ein gewichtiges Wort mitsprach.

Der junge Heinrich erwies sich jedenfalls, dies bezeugt wiederum Erasmus von Rotterdam, als so außerordentlich sprachgewandt, so ungewöhnlich treffsicher im Ausdruck, daß Erasmus argwöhnte, Heinrich habe einen lateinischen Brief nicht allein geschrieben: «Ich glaubte an irgendwelche von anderen kommende Hilfe für die Gedanken und Ausdrücke. Bei einer Unterhaltung, die ich danach mit Lord William Mountjoy hatte, bemühte sich dieser jedoch mit verschiedenen Argumenten, mir diesen Argwohn zu nehmen, und als er sah, daß ihm dieses nicht gelang, ließ er es auf sich beruhen, bis er der Sache nachgegangen wäre. Bei einer anderen Gelegenheit, als wir allein miteinander sprachen, brachte er mir eine Anzahl Briefe des Prinzen... In diesen Briefen fanden sich offensichtliche Zeichen von Kommentaren, Zusätzen, Streichungen, Verbesserungen und Änderungen. Man konnte das erste Konzept eines Briefes erkennen, und man erkannte eine zweite, eine dritte, manchmal sogar eine vierte Verbesserung, aber alles, was verbessert oder hinzugefügt war, war von derselben Handschrift. Ich hatte keinen Grund mehr zu zweifeln und mußte mich dem Augenschein fügen.»[14]

So karg die erhaltenen Informationen über Heinrichs Kindheit und Jugend auch sind, zwei bemerkenswerte Tatsachen bleiben noch festzuhalten. Nicht die geringste Eigenverantwortung oder gar Unabhängigkeit wurde Heinrich offenbar von seinem Vater eingeräumt; während Arthur im Alter von fünfzehn Jahren nach Wales entsandt worden war, vermied es Heinrich VII. zeit seines Lebens, seinen Sohn Heinrich mit ähnlichen Aufgaben zu betrauen. Wenn man dem Bericht des spanischen Gesandten, Don Gomez de Fuensalida, Glauben schenken darf, so wurde der Prinz von Wales so behütet aufgezogen, wie man es ansonsten nur bei einem jungen Mädchen beobachtet. Er habe den königlichen Palast nur durch ein Tor, das in den Park und das Wildgehege hinausführte, verlassen können, und auch dies nur in Begleitung ausgewählter Diener. Niemand habe es gewagt, sich ihm zu nähern oder ihn gar anzusprechen; Heinrich habe ein Zimmer bewohnt, dessen einzige Tür in das angrenzende Zimmer seines königlichen Vaters führte.[15] So verlockend es wäre, diese pointierte Schilderung Fuensalidas eines gleichsam eingesperrten und seiner Freiheit beraubten jungen Heinrich als psychologisch verständliches Motiv für die überschäumende Lebensfreude, die Heinrich in den ersten Jahren seiner Regierung an den Tag legte, in Anspruch zu nehmen, so sind doch Zweifel an diesem Bericht des spanischen Gesandten angebracht. Fuensalida war nach England gekommen, um mit dem König über die Heirat zwischen Katharina von Aragon und Heinrich zu verhandeln; Heinrich VII. konnte, so wird man vermuten dürfen, keinerlei Interesse daran haben, daß der spanische Gesandte mit Heinrich direkt verhandelte. Es wäre durchaus denkbar, daß Heinrich VII. speziell dem spanischen Gesandten den Zugang zu seinem nunmehr einzigen Sohn erschwerte oder gar völlig verwehrte.[16]

Mit dem Heiratsprojekt ist bereits die zweite bemerkenswerte – und für die Zukunft so folgenreiche – Tatsache angesprochen. Am 14. November 1501 hatte der elfjährige Heinrich bei den Hochzeitsfeierlichkeiten seines knapp fünfzehnjährigen Bruders Arthur und der rund ein Jahr älteren

Der Tower, königlicher Palast, und die Stadt London um 1500. Kolorierte Zeichnung. British Library, London

Braut, Katharina von Aragon, eine vielbeachtete Rolle gespielt. Er hatte hoch zu Pferd die Prozession, die die Braut Katharina von Baynard's Castle in die St. Paul's Kathedrale geleitete, angeführt, und sich auch bei den anschließenden zehntägigen Festlichkeiten durch Grazie und Eifer im Tanz ausgezeichnet.[17] Nach der glanzvollen Hochzeitsfeier war das junge Ehepaar nach Ludlow Castle in Wales abgereist, wo Arthur seine

Aufgaben als Vorsteher und Oberaufseher der walisischen Grenzmarken wahrzunehmen hatte. Von der Schwindsucht ausgezehrt, war Arthur am 2. April 1502 nach nur wenigen Ehemonaten dort in Wales gestorben. Dieser tragische Tod des älteren Bruders machte Heinrich nicht nur zum Thronfolger; schnell kamen Spanien und Heinrich VII. überein, daß Heinrich im Interesse des spanisch-englischen Bündnisses auch die jugendliche Witwe seines älteren Bruders zu übernehmen habe.

Am 23. Juni 1503 wurde ein Heiratsvertrag unterzeichnet, der vorsah, daß der nunmehr knapp zwölfjährige Heinrich und die siebzehnjährige Katharina miteinander vermählt würden, sobald Heinrich das fünfzehnte Lebensjahr erreicht habe. Mit einem Wort, der Hochzeitstermin wurde für den Tag der Geschäftsfähigkeit Heinrichs, seinen 14. Geburtstag am 28. Juni 1505, festgesetzt; bis dahin hätten die Eltern Katharinas weitere 100000 Kronen, in Juwelen oder gemünztem Geld, als noch ausstehenden Teil der Mitgift für die erste Heirat mit Arthur nach England zu transferieren. Diese nicht unbeträchtliche Mitgift darf man wohl als ein für Heinrich VII. entscheidendes Motiv betrachten, diesen neuen Ehevertrag zu unterzeichnen; wenn Heinrich VII. nach den Ergebnissen der neueren Forschung auch keineswegs so gewaltige Reichtümer anhäufte, wie es ihm in der Vergangenheit zugeschrieben wurde[18], so galt dennoch den Rechnungsbüchern des Schatzamtes das spezielle und nimmermüde Interesse des Königs.

Aber nicht nur die noch zu zahlende Mitgift stand zwischen einer Ehe Heinrichs und Katharinas: da Katharina zuvor mit Arthur, dem Bruder Heinrichs, verheiratet war, bedurfte es nach kanonischem Recht einer päpstlichen Dispens, bevor eine neue Ehe zwischen Heinrich und seiner Schwägerin geschlossen werden konnte. Katharina selbst und ihre temperamentvolle spanische Hofdame Donna Elvira erklärten, daß die Ehe zwischen Arthur und Katharina zwar geschlossen, aber nie vollzogen worden sei, was eine Dispens vom sogenannten Ehehindernis der öffentlichen Ehrbarkeit, dem impedimentum publicae honestatis, erforderlich gemacht hätte. Der spanische Botschafter in London hingegen, De Puebla, wohl um die rechtliche Stellung der Witwe Arthurs nicht zu gefährden, ließ Katharinas Proteste unberücksichtigt und stimmte mit den Engländern überein, beim Papst um eine Dispens vom Ehehindernis der Schwägerschaft ersten Grades, des sogenannten impedimentum affinitatis primi generis, zu ersuchen, eines Ehehindernisses, das nur durch geschlechtliche Vereinigung entstehen kann, also in diesem Falle zur Voraussetzung hatte, daß die Ehe zwischen Arthur und Katharina wirklich vollzogen worden war. Zwei Tage nach Unterzeichnung des Ehevertrags, am 25. Juni 1503, wurden Heinrich und Katharina in einer feierlichen Zeremonie einander anverlobt.[19]

Die päpstliche Dispens und – für Heinrich VII. sicherlich entscheidender – die spanische Mitgift ließen auf sich warten. Schließlich kam der

28. Juni 1505, der festgesetzte Hochzeitstermin, nicht jedoch die vertraglich von Spanien zugesagten 100 000 Kronen. Der 28. Juni 1505 sah demzufolge nur Heinrichs vierzehnten Geburtstag, von einer Eheschließung mit Katharina war keine Rede mehr. Vielmehr hatte Heinrich sich am 27. Juni, also einen Tag vor seinem Geburtstag und seiner Volljährigkeit, zu Bischof Richard Fox begeben und dort feierlich erklärt, daß er den vor zwei Jahren geschlossenen Ehevertrag nicht anerkenne: *Während meiner Minderjährigkeit bin ich in einem Vertrag verpflichtet worden, Katharina, Prinzessin von Wales, zu heiraten. Da ich nun fast volljährig bin, erkläre ich, daß ich den Heiratsvertrag nicht erfüllen werde, sondern ihn im Gegenteil für null und nichtig ansehe.*[20] Was Heinrich VII., auf dessen Wunsch hin Heinrich diese Erklärung wohl zu Protokoll gab, damit bezweckte, ist nicht klar erkennbar. Vielleicht wollte er Ferdinand von Aragon, den Vater Katharinas, mit einer solchen Erklärung seines Sohnes unter Druck setzen, endlich den längst fälligen Teil der Mitgift Katharinas nach England zu transferieren; vielleicht jedoch wollte er seinen Sohn für eine andere diplomatische Heirat freibekommen. Gegen diese zweite Möglichkeit spricht allerdings ein insgesamt nur schwer deutbares Schreiben des Papstes Julius II. vom 20. Oktober 1505, der als Antwort auf eine drei oder vier Monate zuvor geäußerte Bitte den Prinzen von Wales dazu ermächtigte, seine Ehefrau davon abzuhalten, sich durch ein allzu asketisches Leben gesundheitliche Schäden zuzufügen. Ein strenges, nur dem Gebet und dem Fasten gewidmetes Leben, so der Papst, gefährde Katharinas Gesundheit und mindere vor allem die Möglichkeit, Kinder zu gebären. Ist dieses päpstliche Schreiben schon allein auf Grund seines Inhalts ein ungewöhnliches Dokument, so auch noch aus einem weiteren Grund. Obwohl es unzweideutig vom 20. Oktober 1505 datiert, ist es an Arthur, Prinz von Wales, adressiert, der zu diesem Zeitpunkt bereits dreieinhalb Jahre tot war.[21]

Sicher hingegen ist, daß Heinrich VII. im Oktober 1505 ernsthaft erwog, seinen Sohn Heinrich mit Eleonara, einer Tochter Philipps, des Herzogs von Burgund, einer Nichte Katharinas, zu verheiraten. Eine solche von Heinrich VII. ins Auge gefaßte Verbindung wäre ein wichtiger Bestandteil einer dreifachen Eheverbindung zwischen dem Hause Tudor und dem Hause Habsburg gewesen. Die Verhandlungen zwischen den Habsburger Gesandten und Heinrich VII. begannen vielversprechend, zogen sich allerdings angesichts der komplizierten und weitreichenden Pläne für drei Ehen in die Länge (1506–08).[22] Während die Habsburger im Auftrag Maximilians I. in England verhandelten, sandte Ferdinand von Aragon Fuensalida an den englischen Königshof, mit dem klaren Auftrag, die habsburgisch-englischen Verbindungen zu verhindern und die Heirat zwischen Heinrich und Katharina, für die die päpstliche Dispens endlich eingetroffen war, zu beschleunigen. In England angekommen, mußte Fuensalida jedoch schnell einsehen, daß die Situation im

Die Grabstätte für Heinrich VII. und Elisabeth von York, Westminster Abbey

Grunde hoffnungslos verfahren war: Heinrich VII. stand Ferdinand von Aragon, der nach dem Tod seiner Frau Isabella nicht mehr über ganz Spanien gebot, nun überaus reserviert gegenüber; eigentlich ging es nur noch darum, ob Heinrich eine Prinzessin aus dem Hause Habsburg, Eleonara, oder die von Maximilian I. als Kandidatin vorgeschlagene Tochter des Herzogs von Bayern, oder die Französin Margaret von Alençon heiraten sollte.[23] Niemand dachte offensichtlich mehr an Katharina, die umgeben von ihrem kleinen spanischen Hofstaat in Durham House mehr schlecht als recht ihr Leben fristete, da ihr Heinrich VII. auch den Unterhalt, der ihr als Witwe Arthurs eigentlich zustand, immer weiter gekürzt und schließlich sogar ganz vorenthalten hatte.[24]

Der 22. April 1509 schließlich sollte sowohl für Katharina als auch für Heinrich alles grundlegend ändern: Heinrich VII. starb kaum zweiundfünfzigjährig im königlichen Palast zu Richmond. Am nächsten Tag wurde sein Sohn Heinrich als Heinrich VIII. zum König proklamiert; dann verließ Heinrich VIII. Richmond und begab sich – wie es die Tradition und seine Sicherheit erforderte – in den Tower. Am Mittwoch, den 9. Mai 1509, wurde der einbalsamierte Leichnam Heinrichs VII. in die St. Paul's Kathedrale überführt, wo John Fisher die Totenmesse las. Am folgenden Tag wurde der Leichnam Heinrichs VII. in Westminster Abbey, neben seiner bereits 1503 verstorbenen Gemahlin Elisabeth von York, feierlich beigesetzt.[25]

Wiederaufnahme des Hundertjährigen Krieges

Große Erwartungen stehen oftmals am Beginn einer neuen Regierung, der Herrschaftsantritt Heinrichs VIII. jedoch löste einen geradezu unvergleichlichen Jubel aus. England und die Gelehrten ganz Europas erwarteten ein goldenes Zeitalter. William Blount, Lord Mountjoy, beispielsweise schrieb an Erasmus von Rotterdam: «Der Himmel lacht, und die Erde freut sich; alles ist voller Milch, Honig und Nektar. Die Habgier hat das Land verlassen. Unser König sucht nicht Gold oder Edelsteine oder kostbare Metalle, sondern Tugend, Ruhm und Unsterblichkeit.»[26] Und in der Tat, der noch nicht achtzehnjährige Heinrich schien all die hochfliegenden Hoffnungen, die sich mit seiner Inthronisation verbanden, erfüllen zu können. Er bestieg einen Thron, den sein Vater Heinrich VII. während seiner knapp vierundzwanzigjährigen Regierung nachhaltig gesichert hatte, er trat die Herrschaft über ein bemerkenswert gut verwaltetes Gemeinwesen, über ungewöhnlich königstreue Untertanen an, und er konnte ebenfalls auf die bewährten Beamten seines Vaters zählen.

Galt der Vater Heinrich VII. vielen seiner Zeitgenossen als rücksichtsloser Geizhals[27], der seinen Untertanen wo er nur konnte das Geld aus der Tasche zog, so zeigte Heinrich VIII. schon mit seinen ersten Anordnungen, daß er sich diesem Verdacht nicht auszusetzen gedachte. Am 23. April, also noch während des allgemeinen Jubels um den neuen König, ließ er die beiden meistgehaßten Steuereintreiber seines Vaters, Richard Empson und Edmund Dudley, einkerkern. Die offizielle Version war, daß sie ihre Befugnisse überschritten und in die eigenen Taschen gewirtschaftet hätten, ein Vorwurf, der sich allerdings nicht beweisen ließ. Sechzehn Monate später wurden beide aus diesem fadenscheinigen Grund hingerichtet[28], ein Akt kalkulierter Grausamkeit, der einerseits Heinrichs Pietät gegenüber seinem Vater dokumentiert und andererseits wohl als politische Demonstration gedacht war. Nicht zu Unrecht verweist Theo Stemmler in diesem Zusammenhang auf den nur wenig später entstandenen «Il Principe» Niccolò Machiavellis, der eine für Heinrichs Handlung durchaus zutreffende allgemeine Erklärung bietet: «Ein Herrscher darf sich also um den Vorwurf der Grausamkeit nicht kümmern, wenn er dadurch seine Untertanen in Einigkeit und Ergebenheit halten kann. Statuiert er nämlich einige wenige abschreckende Beispiele, so ist er barmherziger als diejenigen, die infolge allzu großer Milde Unordnung einreißen lassen, aus der Mord und Plünderung entstehen. Diese treffen gewöhnlich die Allgemeinheit; Exekutionen, die vom Herrscher ausgehen, treffen nur einzelne. Unter allen Herrschern ist es einem neu zur Macht gekommenen unmöglich, den Ruf der Grausamkeit zu vermeiden, da eine neu gegründete Herrschaft voller Gefahren ist.»[29]

Nicht nur mit der Einkerkerung und späteren Hinrichtung Empsons und Dudleys verdeutlichte Heinrich seine Absicht, die stark an fiskalischen Interessen orientierte Politik seines Vaters aufzugeben. Rund eine Woche nach dem Tod Heinrichs VII. ließ Heinrich VIII. den spanischen Gesandten Fuensalida an den Hof zitieren und diesem zu seiner völligen Überraschung mitteilen, die Fragen der noch ausstehenden Mitgift für Katharina seien doch nun wirklich Nichtigkeiten; Fuensalida möge statt dessen alles Notwendige für eine baldige Heirat zwischen Heinrich und Katharina in die Wege leiten.[30] Diese unerwartete Wendung dürfte den spanischen Gesandten in einige Verlegenheit gestürzt haben, hatte er doch schon damit begonnen, die Habseligkeiten Katharinas aufs Festland in Sicherheit zu bringen. Wie ist nun diese plötzliche Kehrtwendung der englischen Politik zu erklären? Heinrich VIII. selbst bemerkte dazu, daß er mit seiner geplanten Hochzeit den letzten Wunsch seines Vaters erfüllen wolle, den dieser noch auf dem Totenbett geäußert habe. Fuensalida dagegen vermutete, daß allein Heinrich VIII. selbst für diesen Gesinnungswandel verantwortlich zeichnete. Obwohl letztlich nicht eindeutig entscheidbar, so dürfte Fuensalida mit seiner Vermutung richtig liegen; die Geschichte vom Gesinnungswandel Heinrichs VII. auf dem Totenbett klingt eher wie eine offizielle Version, die präsentiert wurde, um die Enttäuschung der Habsburger in Grenzen zu halten.[31] Wie dem auch sei, am 11. Juni 1509 wurden Heinrich VIII. und Katharina in der Franziskaner Kirche zu Greenwich getraut.

Zwei Wochen nach dieser Hochzeit sah London eine glanzvolle Krönungsfeier, die alle Augenzeugen ob der dargebotenen Pracht und des allgemeinen Jubels ins Schwärmen geraten ließ. Stellvertretend für eine ganze Reihe ähnlicher Schilderungen in den Chroniken der Tudor-Zeit mögen die folgenden Auszüge aus einem Epigramm des Thomas Morus stehen, das er mit vier anderen und einem Widmungsbrief als kleine Gabe wenige Wochen nach den Krönungsfeierlichkeiten Heinrich VIII. darbrachte: «Dieser Tag ist das Ende der Knechtschaft, er ist die Geburt der Freiheit, das Ende der Traurigkeit und Quelle der Fröhlichkeit... Schon läuft das Volk... voraus, es erfaßt kaum selbst seine Fröhlichkeit. Es freut sich, es jubelt, es frohlockt, es jauchzt voller Freude angesichts eines solchen Königs. Nichts als ‹der König› klingt in jedem Mund... Unter tausend edlen Gefährten ragt er erhabener als alle hervor, er besitzt die Kraft, die seines erhabenen Körpers würdig ist. Mit der Hand ist er nicht weniger behende als im Herzen tapfer, sei es, daß eine Sache mit scharfem Schwert ausgefochten werden muß, sei es, mit gesenkter Lanze anzugreifen, sei es, daß es gilt, einen Pfeil auf das gegenüberliegende Ziel zu schnellen. Eine feurige Kraft liegt in seinen Augen, Schönheit auf seinem Antlitz, und eine Farbe auf beiden Wangen, wie es bei Rosen zu sein pflegt... Fern sind innere Kämpfe: welche Ursachen hätten sie, woher sollten die Gründe stammen? Einmal besteht fürwahr kein Streit über die Rechtmäßigkeit und den Titel deiner Krone, noch kann es einen geben.

Heinrich VIII. als junger Mann. Anonymes Gemälde, um 1525. National Portrait Gallery, London

Worüber man zu streiten pflegte, du allein stehst für beide Seiten, jeder deiner Eltern, beide von Adel, löst diesen Zwist. Dagegen ist weit von dir entfernt der gottlose Zorn des Volkes, der gewöhnlich Hauptgrund des bürgerlichen Aufruhrs ist. Du selber bist allen deinen Untertanen als einziger teuer, so teuer, wie niemand sich selbst teurer sein kann.»[32] Thomas More präsentiert Heinrich VIII. als strahlend schönen Jüngling, dessen kraftvolle, stattliche Erscheinung das vollkommene Abbild seiner hervorragenden geistigen Tugenden ist, eine Einschätzung, die von fast allen Zeitgenossen ohne jede Einschränkung geteilt wurde.

Rund zehn Jahre später hielt Giustinian, der Botschafter Venedigs, in einem geheimen Memorandum für den Dogen folgende Skizze Heinrichs fest: «Seine Majestät ist neunundzwanzig Jahre alt und außerordentlich schön. Die Natur hätte nicht mehr für ihn tun können. Er ist weitaus schöner als irgendein anderer Herrscher der Christenheit, weit mehr als der König von Frankreich. Er hat eine sehr helle Hautfarbe und ist von wunderbar wohlproportioniertem Wuchs. Nachdem er gehört hat, daß Franz I. einen Bart trägt, hat er den seinen wachsen lassen, und da er rötlich ist, hat er nun einen Bart, der wie Gold schimmert. Er besitzt viele Talente, ist ein guter Musiker, komponiert sehr artig, ist ein hervorragender Reiter, ein geschickter Fechter, spricht gut Französisch, Latein und Spanisch, ist sehr religiös, hört drei Messen am Tage, wenn er zur Jagd geht, und manchmal fünf an den anderen Tagen... Er liebt die Jagd sehr und übt diese niemals aus, ohne nicht acht oder zehn Pferde zu strapazieren, die er auf dem Wege, den er nehmen will, für sich bereithalten läßt; wenn das eine erschöpft ist, besteigt er ein anderes, und bevor er zurückkehrt, sind alle erschöpft. Er liebt sehr das Tennis, und es ist die schönste Sache der Welt, ihn dabei zu sehen, wenn seine weiße Haut unter einem Hemd von feinstem Gewebe schimmert.»[33] Diesem Bericht des venezianischen Botschafters ließen sich viele ähnlich enthusiastische Schilderungen an die Seite stellen; aber dies mag für unsere Zwecke genügen: Der junge König Heinrich VIII. galt seinen Zeitgenossen als Inbegriff jugendlicher Schönheit und Kraft, als mit körperlichen und geistigen Talenten geradezu verschwenderisch ausgestattet.

Er sprach Latein, Französisch, Spanisch und ein wenig Italienisch. Um 1519 begann er darüber hinaus, wenngleich wohl nur kurzzeitig, mit dem Studium des Griechischen; seine theologischen Kenntnisse mögen geringer gewesen sein, als er selbst sie einschätzte, jedoch waren sie für einen König außergewöhnlich. Heinrich VIII. interessierte sich für Mathematik, für Geometrie und Astronomie, sein Herz allerdings gehörte der Musik. Er spielte selbst sehr gut die Flöte, die Laute und das Virginal, ein kleines englisches Spinett; er besaß eine starke, sichere Singstimme, er konnte vom Blatt singen, und früh schon nannte er eine umfangreiche Sammlung von kostbaren Musikinstrumenten sein eigen. Wenigstens zwei vollständige Messen, zwei Motette, eine große Zahl von Instrumentalstücken und Liedern komponierte Heinrich. Im ganzen Land ließ er nach Chorknaben und wohlklingenden Männerstimmen suchen; er scheute sich nicht, besonders begabte Sänger aus dem Chor Kardinal

Von Heinrich VIII. verfaßtes und komponiertes Lied

Wolseys kurzerhand dem eigenen Chor einzureihen. Musik begleitete Heinrich, wohin immer er ging, auf den sommerlichen Progress, den traditionellen Zug des königlichen Hofes von Burg zu Burg, ja sogar auf das

Schlachtfeld. J. J. Scarisbrick bezeichnet Heinrich VIII. wohl zutreffend als den letzten der Troubadoure, als vielleicht letzten Erben des alten höfischen Rittertums, als jungen Mann, dessen Leben in den ersten Jahren seiner Herrschaft sich hinlänglich mit den Begriffen Tanz, Lied, höfische Liebe und ritterliche Abenteuersuche umschreiben lasse.[34]

Die ersten Jahre der Regierungszeit Heinrichs VIII. bieten sich dem Rückblick des Historikers in erster Linie als nicht endende Kette von Festlichkeiten, Banketten, höfischem Getändel, Jagden, sportlichen Wettkämpfen (Bogenschießen, Tennis) und ritterlichen Turnieren dar. Und in allem stand Heinrich seinen Mann, er konnte den Bogen kraftvoller als jeder andere in England spannen und war ein ungewöhnlich treffsicherer Schütze, er schleuderte den zwölf Fuß langen Speer viele Meter weit, und er galt als geradezu unbesiegbar im Zweikampf mit Bihändern, jenen schweren, mit beiden Händen zu führenden Schwertern der ritterlich-höfischen Vergangenheit. Nur für wenige Wochen wurde diese Zeit der glanzvollen Feste von der Trauer um den – am 1. Januar 1511 geborenen, jedoch schon am 22. Februar verstorbenen – Sohn Heinrichs und Katharinas unterbrochen. «Das Leben am königlichen Hofe ist ein immerwährendes Fest», schrieb Katharina 1512 an ihren Vater, «Maskeraden und Komödien, Lanzenstechen und Turniere, Konzerte Tag und Nacht... Am Abend des Epiphaniasfestes verkleideten sich der König und zwölf andere auf die italienische Art, die man ‹maschera› nennt, was man bisher noch nie in England gesehen hatte. Sie trugen lange und weite, ganz mit Gold bestickte Gewänder mit aufgesetzten Gesichtern und Kappen aus Goldstoff. Als das Bankett zu Ende war, hielten diese Masken ihren Einzug, begleitet von sechs verkleideten Edelleuten in seidenen Gewändern, die Fackeln trugen. Sie forderten die Damen zum Tanz auf, einige nahmen an, andere jedoch, die wußten, daß dies ein Schauspiel sein sollte, lehnten ab, weil dies etwas war, was man nicht oft sah.»[35]

Der junge König Heinrich VIII. schuf sich eine höfische Welt der Ritterlichkeit; sich selbst stilisierte er dabei zum Ideal des im Grunde historisch längst überlebten kühnen Recken, zum tapferen, treuen und unbesiegbaren Streiter für Ehre, Ruhm und Unsterblichkeit. Von den ritterlichen Zweikämpfen und Turnieren, von der beständigen Übung im Lanzenstechen, Reiten und Bogenschießen führt eine gedanklich gerade Linie zum wahren Sport der Könige, an den Heinrich seine schier unerschöpflichen Energien verschwenden sollte, zum Krieg, und dies hieß für einen englischen König zu Beginn des 16. Jahrhunderts zunächst: zum Krieg mit Frankreich.

Bereits unmittelbar nach seinem Regierungsantritt enthüllte Heinrich VIII. seine Pläne: er schwor öffentlich, den König von Frankreich bald in die Schranken zu fordern.[36] Diese politische Demonstration wie auch den frühen Versuch, in König Ferdinand von Spanien, seinem Schwiegerva-

Rüstungen des Königs

ter, einen Verbündeten für einen gemeinsamen Angriff auf Frankreich zu gewinnen, darf man wohl als propagandistisch überhöhte Abkehr von den Prinzipien der Herrschaft Heinrichs VII. werten. Heinrich VIII. war offensichtlich entschlossen, die vorsichtig abwägende, jedes außenpolitische Risiko im Interesse der innerenglischen Prosperität vermeidende Politik seines Vaters aufzugeben. Statt dessen betrachtete Heinrich VIII. die ruhmbekränzten, schlachterprobten Könige und Heerführer des englischen Hochmittelalters, Edward I. (1272–1307), Edward III. (1327–77), Edward, den Schwarzen Prinzen (1330–76), und Heinrich V. (1413–22), als Vorbilder, in deren Fußstapfen er zu treten gedachte. Und mit diesem Verständnis seiner Aufgaben als König stand Heinrich VIII. nicht allein: er war von Männern umgeben, deren Großväter zum Teil noch den letzten großen Sieg der Engländer bei Azincourt

(1415) mit erstritten hatten; kaum 80 Jahre war es her, daß Heinrich VI. (1422–61) in Paris zum König von Frankreich gekrönt worden war.[37]
 Aber die Ausführung seiner kriegerischen Absichten mußte Heinrich zunächst zurückstellen: die konkrete politische Lage in Europa, die Tatsache, daß Heinrich mit Ausnahme der Republik Venedig keinen Verbündeten finden konnte, und die Uneinigkeit seines Staatsrates verhinderten sofortige energische Aktionen. In beiden Punkten jedoch arbeitete die Zeit für Heinrich: etwa Mitte des Jahres 1510 zeichnete sich auf dem europäischen Festland eine entscheidende Verschiebung der Kräfteverhältnisse ab, Veränderungen, denen sich auch der in mehrere Fraktionen gespaltene Staatsrat Heinrichs[38] letztlich nicht verschließen konnte. Der kriegstüchtige Papst Julius II. hatte erfolgreich begonnen, eine Allianz einiger europäischer Staaten gegen seinen ehemaligen Verbündeten Frankreich zu bilden, mit dem Ziel, Frankreich aus Italien zu vertreiben. Den diplomatischen Aktivitäten des Papstes hatte der König von Frankreich, der greise Ludwig XII., jedoch nicht tatenlos zugesehen: er hatte – unterstützt von einigen abtrünnigen Kardinälen – für den Mai 1511 ein Konzil nach Pisa einberufen lassen, wohl mit der Absicht, Julius II. dort seines Amtes zu entheben. Mit dieser drastischen Drohung an die Adresse des Papstes erreichte Ludwig XII. aber nichts; schlimmer noch, die zunächst rein politische antifranzösische Allianz wurde nun wirklich zur Heiligen Allianz, zur Heiligen Liga, die die Interessen des Papstes gegen einen schismatischen König zu verteidigen hatte. Die gegen den Papst gerichteten Drohungen Ludwigs XII. kehrten sich gegen ihn selbst: Julius II. konnte sich fortan auf die moralische Autorität eines Feldherrn berufen, der einen heiligen Krieg zu führen hat. Und in England hatte Heinrich VIII. sowohl einen konkreten – über jeden möglichen Zweifel erhabenen – Kriegsgrund als auch die Aussicht auf eine Vielzahl von Verbündeten für den Krieg mit Frankreich.
 So war denn Heinrich schnell für die Heilige Liga gewonnen, und zwar nicht weil der Papst seine Werbung um den englischen König mit der Übersendung einer goldenen Rose, einigen Fässern Wein und 100 Parmesankäsen wirkungsvoll unterstützt hatte, sondern weil er glaubte, im Rahmen der Heiligen Liga seine ureigenen Pläne und Absichten am besten verwirklichen zu können. Am 13. November 1511 trat England der fünf Wochen zuvor in Rom durch feierliche Verträge gegründeten Heiligen Liga gegen Frankreich endgültig bei. Nachdem Heinrich VIII. Ludwig durch einen Gesandten ultimativ aufgefordert hatte, das schismatische Konzil abzusagen und Frieden mit dem Papst zu schließen, was der französische König natürlich ablehnte, war sein erstes Ziel erreicht: der zuvor uneinige Staatsrat stand einstimmig hinter ihm und seinen Kriegsplänen. Ludwigs Drohungen und die drängenden Mahnungen des Papstes ließen vor allem den Geistlichen im englischen Staatsrat kaum eine andere Wahl, als die Eroberungspläne ihres jungen Königs mitzutragen.

Als Vorspiel für den großen Eroberungsfeldzug und als Vorleistung im Rahmen des zukünftigen Bündnisses sind zwei kleinere Aktionen des Jahres 1511 zu werten. Noch während sich die Heilige Liga formierte, hatte Heinrich VIII. eine Abteilung englischer Bogenschützen in die Niederlande entsandt, die Kaiser Maximilian gegen den Herzog von Geldern unterstützen sollte, eine Geste guten Willens, die militärisch eher bedeutungslos war. Glücklicherweise wurde den englischen Bogenschützen ein kleiner Erfolg zuteil, ganz im Unterschied zu der 1000 Mann starken Truppe, die Heinrich im Mai 1511 als Hilfe für einen geplanten Feldzug Ferdinands nach Nordafrika diesem zur Verfügung gestellt hatte. Nachdem die englischen Truppen in Cádiz angekommen waren, mußten sie erfahren, daß der spanische König seine Pläne inzwischen geändert hatte und nicht mehr daran dachte, die Straße von Gibraltar zu überqueren. Nach sechzehntägigem Aufenthalt in Cádiz, der überschattet war von blutigen Auseinandersetzungen mit den Ortsbewohnern, kehrten die Engländer unverrichteterdinge dezimiert und demoralisiert heim.[39]

All dies waren nur Vorgeplänkel: Ende April 1512 überbrachten die Herolde Heinrichs VIII. dem französischen König die offizielle Kriegserklärung. Wie der Zug nach Cádiz, so endeten auch die Eroberungszüge des Jahres 1512 jeweils mit empfindlichen Rückschlägen für die Engländer. Die englische Flotte, ausgesandt gegen eine wohlgerüstete französische Streitmacht, geriet auf der Höhe von Calais mit einer zahlenmäßig unterlegenen Flottenabteilung des Feindes aneinander, konnte aber auf Grund widrigen Windes nichts ausrichten und verlor sogar durch Feuer eines ihrer riesigen Flaggschiffe, die ‹Regent›.[40] Vollends zum Fiasko wurde der Zug der Landstreitkräfte, die sich etwa 12 000 Mann stark unter dem Befehl des Marquis von Dorset Anfang Juni voller Hoffnungen in Southampton eingeschifft hatten. Entsprechend den Vereinbarungen zwischen England und Spanien vom November 1511 sollte der Marquis von Dorset seine Armee mit derjenigen Ferdinands vereinigen und Aquitanien von Süden her für Heinrich erobern. Nachdem die Engländer San Sebastián erreicht hatten, mußten sie – wie im Jahr zuvor in Cádiz – feststellen, daß Ferdinand weder für den versprochenen Nachschub noch für die ebenfalls zugesagten Pferde gesorgt hatte. Offenbar hatte Ferdinand nicht einen Moment wirklich daran gedacht, Aquitanien für seinen Schwiegersohn einzunehmen. Vielmehr beabsichtigte er wohl von vornherein, die englische Armee vereinigt mit seinen eigenen Streitkräften gegen das unabhängige Königreich Navarra zu führen, ein Vorhaben, dem Dorset allerdings nicht zustimmte. Hitzige Botschaften wurden zwischen Ferdinand und Dorset gewechselt, schließlich zog Ferdinand allein gegen Navarra und überrannte es; die Engländer überließ er ihrem Schicksal, hatte er doch sein Kriegsziel, die Eroberung Navarras, erreicht. Ohne ausreichende Ausrüstung und ohne die notwendige Verpflegung sank die Moral des englischen Heeres schnell, Epidemien und der

Maximilian I., Kaiser von 1508 bis 1519.
Holzschnitt von Hans Burgkmair, 1508

starke spanische Wein ließen die Situation bald außer Kontrolle geraten: die englische Armee, nunmehr eher ein aufrührerischer Haufen, segelte nach Hause. Wie schon in Cádiz im Jahr zuvor hatte Ferdinand die Absprachen nicht eingehalten und war so zum eigentlich Verantwortlichen für das Fiasko der Dorset-Expedition geworden.[41]

Nach diesen Rückschlägen war Heinrich VIII. nun selbst gefordert; unter seiner persönlichen Führung sollte sich im nächsten Jahr alles zum Besseren wenden. Die Zeit hatte weiter für ihn gearbeitet: Kaiser Maximilian war inzwischen ebenfalls der Heiligen Liga beigetreten (5. April

1513), und der Papst hatte bereits am 20. März 1512 ein Breve* erlassen, das Heinrich und seinen Nachkommen «den Namen, den Ruhm und die Macht» eines Königs von Frankreich verlieh, «so lange sie im Glauben fest, und in ehrerbietigem Gehorsam zur Heiligen Römischen Kirche und zum Apostolischen Stuhl verblieben». Dieses großartige Versprechen des Papstes, das möglicherweise sogar die Krönung durch den Papst selbst miteinschloß, war allerdings an eine Bedingung geknüpft: Ludwig XII. mußte zunächst einmal besiegt werden. Solange Heinrich VIII. Frankreich noch nicht erobert hatte, sollte das päpstliche Breve der Obhut zweier Kardinäle übergeben und der Inhalt geheimgehalten werden.[42]

Die Kampagne des Jahres 1513 wurde sorgfältig und umsichtig vorbereitet. Noch im Herbst 1512 hatte Heinrich ein Parlament einberufen, das die nötigen Gelder bereitstellte; und wiederum hatte er sich mit Ferdinand von Spanien auf einen gemeinsamen Eroberungsplan geeinigt. Eine spanische Armee, für deren Unterhalt Heinrich den Löwenanteil zu zahlen hatte, sollte Aquitanien für den englischen König einnehmen, während Heinrich selbst seine Streitkräfte in die Picardie oder in die Normandie führen wollte. Unterstützt mit englischem Geld sollte Kaiser Maximilian ebenfalls in Frankreich einfallen, während Julius II. über die Provence in das Herz Frankreichs vorstoßen sollte. Nicht nur diplomatisch wurde im Winter 1512/13 gute Arbeit geleistet, mit Sorgfalt und Augenmaß wurden auch die logistischen Einzelheiten für den bevorstehenden Feldzug festgelegt. Tausende von Rüstungen wurden in Italien und Spanien angekauft, aus Deutschland und Flandern kamen die Feldgeschütze, insbesondere zwölf gewaltige Kanonen, die – wie es der Artillerie in einem heiligen Krieg zukam – «die zwölf Apostel» genannt wurden. Neue Schiffe waren gebaut, andere requiriert worden: alles war bereit, eine gut ausgerüstete, reichlich verproviantierte und bemerkenswert gesunde Armee von rund 40000 Mann über den Kanal nach Frankreich zu setzen.[43]

Allerdings lief nicht alles reibungslos: Ferdinand hatte wieder einmal falsch gespielt. Rund drei Wochen bevor sein Gesandter in der St. Paul's Kathedrale die Feldzugspläne für den Sommer 1513 feierlich mitunterzeichnete (25. April 1513), hatte der spanische König selbst einen einjährigen Waffenstillstand mit Frankreich geschlossen, und nicht nur das, er hatte Heinrich – ohne dessen Wissen – mit in diesen Waffenstillstand einbezogen.[44] Eine englische Flotte war im Frühjahr 1513 unter der Führung Edward Howards zweimal auf französische Flottenabteilungen gestoßen und hatte dabei Niederlagen hinnehmen müssen.[45] Nichts jedoch vermochte Heinrichs Pläne ins Wanken zu bringen. Ende Juni setzte er mit der Landungsarmee über den Kanal. Am 30. Juni, gegen 19 Uhr, erreichte Heinrich VIII. selbst nach dreistündiger Überfahrt Calais, wo er

---

* Breve (von lat. brevis = kurz), ein apostolischer Brief, eine kurze Papsturkunde in weniger feierlicher Form als eine Bulle.

noch am gleichen Abend in der Kirche von St. Nicholas sich selbst und sein Schwert Gott und dem Heiligen Krieg weihte.[46] Heinrich betrat erstmals französischen Boden, und er betrat ihn mit frischem Blut an den Händen: noch bevor der König England den Rücken kehrte, hatte er Edmund de la Pole, den Sohn einer Schwester König Edwards IV. (1461–83), der seit 1506 als Gefangener im Tower saß, enthaupten lassen.[47]

So großartig die Rüstungen für diesen Eroberungsfeldzug waren, so bescheiden nehmen sich die Erfolge aus. Zunächst belagerte Heinrich, nachdem er sich drei Wochen lang in Calais aufgehalten hatte, gemeinsam mit Kaiser Maximilian, der sich mit einer kleinen Abteilung Soldaten Heinrich zur Verfügung gestellt hatte, das Städtchen Thérouanne. Auf dem etwa 40 Meilen langen Weg von Calais nach Thérouanne war es zu einigen unbedeutenden Zusammenstößen mit kleineren französischen Kontingenten gekommen; während der mehrwöchigen Belagerung Thérouannes kam es dann zum einzigen wirklichen Zusammenstoß mit den Franzosen, zur sogenannten Sporenschlacht (16. August 1513). Ein Augenzeuge dieser ‹Schlacht›, Martin Du Bellay, schilderte mit vielen Details – aus französischer Sicht – den Verlauf des ‹Kampfes›: «Einige junge Leute kam die Lust an, das feindliche Lager auszukundschaften, andere wollten sich ausruhen und legten teilweise ihre Waffen ab, als wenn sie keine Überrumpelung zu fürchten gehabt hätten, aber diese Unvorsichtigkeit kam sie teuer zu stehen. Während sie sich der Sorglosigkeit hingaben, ließen die Feinde aus ihrem Lager zehn- oder zwölftausend Fußsoldaten... ausrücken, unterstützt von vier- oder fünftausend Berittenen und gefolgt von sechs oder acht Feldgeschützen... Unsere Reiter, die, wie gesagt, auf nichts weniger als auf einen Angriff gefaßt waren, wurden in einer so großen Unordnung angetroffen, daß sie, da sie keine Zeit hatten, sich in Kampfbereitschaft zu setzen, schmählich die Flucht ergriffen; und da bei diesem Treffen die Sporen mehr gebraucht wurden als die Degen, wurde dieser Tag der ‹Tag der Sporen› genannt.»[48] Soweit der Bericht Martin Du Bellays über die ‹Sporenschlacht›, ein Gefecht, zu dem der Zufall Engländer und Franzosen zusammenführte und das Heinrich VIII. – ebenso rein zufällig – verpaßte. Die Tatsache jedoch, daß die Franzosen sechs Standarten auf dem Schlachtfeld ließen und die Engländer einige adlige Gefangene machen konnten, erlaubte es Heinrich, das unbedeutende Scharmützel zu einem heroisch erfochtenen großen Sieg hochzustilisieren.[49] Eine Woche später ergab sich die Garnison von Thérouanne, am 24. August hielten Heinrich und Kaiser Maximilian einen triumphalen Einzug in der besiegten Stadt, und wiederum drei Tage später übergab Heinrich Thérouanne Maximilian, der sie – mit Ausnahme der Kirche – unverzüglich schleifen ließ. Heinrich hatte seinen ersten Sieg errungen, einen unbedeutenden zwar, der strategisch nur dem Kaiser nutzte, aber er hatte immerhin gesiegt.

Doch damit nicht genug, Heinrich wandte sich, nachdem er seinen Sieg

Treffen Heinrichs VIII. mit Maximilian I. vor der Schlacht bei Thérouanne, 1513.
Aus einem Wandgemälde im Hampton Court Palace, London

gemeinsam mit Maximilian in Lille gebührend gefeiert hatte, noch gegen eine zweite französische Festung, Tournai, und er zwang auch sie, nach achttägiger Belagerung, am 24. September in die Knie. Die Übergabe von Tournai beschrieb der Parlamentssekretär John Taylor in seinem historisch recht genauen Tagebuch aus englischer Perspektive: «Um die Eisentore und steinernen Festungstürme von Tournai zu zerschießen, kamen

von Lille Geschütze von gewaltigen Ausmaßen, deren Anblick allein schon zum Erobern genügt hätte. Am 21., bevor sie überhaupt eingesetzt waren, unterwarf sich die Stadt und übergab am nächsten Tag die Schlüssel... Am 24. betrat der König Tournai und wurde von den führenden Männern der Stadt empfangen... Am ersten Tor schritt der König unter einem goldseidenen Baldachin hindurch, der von den Bürgern aufgestellt worden war und von sechs der vornehmsten Bürgerinnen getragen wurde. Andere trugen Wachskerzen und führten ihn zur Kathedrale, wo der König nach dem Gottesdienst etliche zu Rittern schlug. Nach dem Festmahl auf dem Marktplatz übergab eine von den Bürgern gewählte Abordnung dem König die Stadt, ihre Einwohner und ihre gesamten Besitztümer, worauf das Volk vielstimmig ausrief: ‹Vive le Roi› [Es lebe der König].»[50]

Im Unterschied zu Thérouanne behielt Heinrich Tournai unter englischem Oberbefehl. Er verlegte eine englische Garnison in die ehemals französische Festung und besaß nun neben Calais einen zweiten Brückenkopf für die Rückeroberung Frankreichs. Nach drei Wochen Siegesfeierlichkeiten, Banketten, Bällen und ritterlichen Turnieren verließ Heinrich Tournai und kehrte über Lille und Calais nach England zurück, da die fortgeschrittene Jahreszeit weitere kriegerische Handlungen verbot.

Der erste königliche Feldzug war damit beendet. Ein Anfang war gemacht, ein guter Anfang: Heinrich VIII. war Seite an Seite mit Kaiser Maximilian geritten, und in Lille waren beide übereingekommen, im nächsten Jahr wiederum gemeinsam gegen Frankreich ins Feld zu ziehen. In Tournai hatten sie sogar feierlich vereinbart, daß der Enkel Maximilians, Karl von Kastilien, der Herzog von Burgund, der spätere König von Spanien und Kaiser des Heiligen Römischen Reiches, Mary Tudor, die schöne Schwester Heinrichs VIII., noch vor dem 15. Mai 1514 heiraten sollte. Und nicht nur Maximilian nahm Heinrich als Partner ernst, auch Ferdinand von Spanien begann sich an den Gedanken zu gewöhnen, daß England in das kontinental-europäische Kräftespiel zurückgekehrt war. Das nächste Jahr sollte die endgültige Entscheidung, den Sieg über Ludwig XII., und die Krone von ganz Frankreich für Heinrich bringen. Gewonnen hatte der englische König vor allem an Prestige; verglichen mit Dorsets Expedition des vergangenen Jahres waren auch seine militärischen Aktionen erfolgreich.

Unbedeutend jedoch erschien die Einnahme von Thérouanne und Tournai im Vergleich zu dem grandiosen Sieg, der inzwischen, in Abwesenheit des Königs, im Norden Englands über die Schotten erfochten werden konnte. Nachdem er Heinrich VIII. offiziell am 11. August 1513 den Krieg erklärt hatte, überquerte Jakob IV. von Schottland (1488–1513), der traditionelle Verbündete Frankreichs – ungeachtet aller verwandtschaftlichen Bande, er war seit 1502 mit Heinrichs Schwester Margarete verheiratet –, an der Spitze einer großen Invasionsarmee den Tweed. Am 9. September kam es in der Nähe von Flodden zu einer blutigen, erbitterten Schlacht, die in einer vernichtenden Niederlage für die Schotten endete: der Großteil des schottischen Adels, darunter zwölf Grafen, vierzehn Lords, der Erzbischof von St. Andrews, zwei Bischöfe, zwei Äbte und nicht zuletzt der König selbst fanden in der dreistündigen Feldschlacht den Tod. Der Graf von Surrey führte zwar die englischen Truppen in die Schlacht von Flodden, die Seele des Unternehmens war jedoch Katharina, die Regentin; ihr gebührte der wirkliche Ruhm für die militärischen Erfolge des Jahres 1513. Heinrich sandte ihr seine vornehmsten Gefangenen über den Kanal, sie aber schickte ihm den blutdurchtränkten Waffenrock des Schottenkönigs, dessen Leichnam noch unbestattet in der Kartause von Sheen lag: «Daran sollen Eure Gnaden erkennen, wie ich meine Versprechen halten kann, da ich doch für Eure Fahnen einen Königsmantel schicke. Ich dachte daran, ihn Euch selbst zu schicken, doch die Herzen unserer Engländer wollten das nicht zulassen. Es wäre besser für ihn gewesen, den Frieden gewahrt, als diese Belohnung erhalten zu haben. Alles, was Gott sendet, ist zum besten.»[51]

Das nächste Jahr also, der Sommerfeldzug 1514, versprach weiteren Ruhm. Am 1. Februar 1514 erhob Heinrich VIII. seine verdienten Heerführer Thomas Howard, Graf von Surrey, den Sieger von Flodden, zum Herzog von Norfolk und Charles Brandon, seinen treuen Freund und Waffenbruder, zum Herzog von Suffolk. Beides war zugleich Belohnung für bisher geleistete treue Dienste als auch deutliches Zeichen für die Zukunft. Wiederum wurde die Frankreich-Expedition sorgfältig vorbereitet, und auch die Hochzeitsvorbereitungen liefen planmäßig. Mary Tudor wurde bereits als Prinzessin von Kastilien angesprochen. Alles war im Frühjahr 1514 bereit – aber alles sollte anders kommen. Vor Ablauf eines Jahres sollte Mary Tudor heiraten, aber nicht den Habsburger Karl, sondern den alten und gebrechlichen Ludwig XII. von Frankreich, dessen Königreich Heinrich VIII. aus den Händen des Papstes zu empfangen gehofft hatte. Und England sollte acht Jahre lang keinen offenen Krieg mehr zu führen haben.

Der Aufstieg Thomas Wolseys

Die Zeit der kriegerischen Auseinandersetzung mit Frankreich ist noch aus einem weiteren Grund von entscheidender Bedeutung: die Jahre 1511 bis 1514 brachten mit Thomas Wolsey den Mann an die Spitze des Staates, der – gemeinsam mit dem König – die Geschichte Englands für nahezu zwei Jahrzehnte nachhaltig prägen sollte.[52] Geboren um 1475 als Sohn eines Schlachters und Viehhändlers in der Provinzstadt Ipswich, war Wolsey nach einem erfolgreichen Studium in Oxford und einer unbedeutenden Karriere in der kirchlichen Hierarchie bereits 1505 in die Dienste Heinrichs VII. getreten und hatte mit großem Geschick einige diplomatische Missionen für ihn erledigt. Heinrich VIII. hatte ihn kurz nach seiner Thronbesteigung zu seinem Almosenier* ernannt und schon

---

* Almosenier: ein Hofgeistlicher, der seit dem Hochmittelalter die Aufgabe hatte, die königlichen Almosen zu verteilen.

bald – wohl 1511 – mit in den Staatsrat einbezogen. Wolsey arbeitete zumeist informell als Sekretär des Königs und wurde als mehr oder weniger regulärer ‹Verbindungsmann› zwischen dem König und den übrigen wichtigen Mitgliedern des Staatsrates schnell unentbehrlich. Wir wissen nicht genau, wann Wolsey die alten Mitglieder des Staatsrates, etwa William Warham und Richard Fox, an Einfluß überflügelte; sicher hingegen ist, daß er etwa seit Mitte 1514 der starke Mann im englischen Staatsrat war.

Und er war dies ohne offiziell ein weltliches Amt innezuhaben. Wolsey hatte mit größter Sorgfalt die Feldzugskampagne von 1513 geplant und logistisch vorbereitet, der Erfolg Heinrichs VIII. in Frankreich wurde damit auch zu seinem Erfolg. Gleichzeitig erwies sich mit Wolseys Aufstieg eine strukturelle Schwäche des Regierungssystems der frühen Tudors: das aus vielen, zum Teil relativ autonomen Ämtern und Institutionen bestehende System der Hof- und Staatsverwaltung erforderte geradezu einen zentralen Lenker. Wenn der König diese Funktion nicht kontinuierlich

William Warham,
Erzbischof
von Canterbury
1504–32.
Zeichnung von
Hans Holbein d. J.,
1527. Royal Library,
Windsor Castle

Thomas Wolsey, Kardinal und Lordkanzler Heinrichs VIII.
Anonymes Gemälde, um 1520. King's College, Cambridge

ausüben konnte oder wollte, mußte zwangsläufig ein anderer diese vielfältigen Koordinationsaufgaben wahrnehmen und damit eine herausragende Position gewinnen, die nicht an ein bestimmtes Amt geknüpft war.[53] Dabei gilt es zu berücksichtigen, daß noch während des gesamten 16. Jahrhunderts, auch zur Zeit Königin Elisabeths I. (1558–1603), die Effizienz der englischen Hof- und Staatsverwaltung in erster Linie von Personen und nicht von Institutionen abhing.

Laut George Cavendish, der als Wolseys persönlicher Kammerherr Augen- und Ohrenzeuge vieler bedeutender Ereignisse wurde und diese in einer Biographie Wolseys der Nachwelt überlieferte, gewann Wolsey die Gunst Heinrichs VIII., weil er den König nicht wie die anderen Ratsmitglieder zu überreden suchte, die Sitzungen des Staatsrates mit ihren vielen Bagatellangelegenheiten zu leiten, sondern ihn eher dazu ermunterte, weiter auf die Jagd zu gehen und sich mit seinen Freunden zu vergnügen. Während die anderen ‹Minister› Heinrich geraten hätten, was sie für richtig hielten, habe Thomas Wolsey dem jungen König zu dem geraten, was Heinrich selbst wollte.[54] Diese Deutung des Aufstiegs Wolseys durch George Cavendish ist allerdings eine grobe Vereinfachung: seinen Aufstieg verdankte Wolsey seinen eigenen Fähigkeiten – er war ein besessener und überaus effizienter Arbeiter –, der Fürsprache durch Richard Fox und William Warham, die beide ihre Last der Verantwortung nur allzu gern abgeben wollten, und vor allem der Gunst des Königs.[55] Dem König nahm Wolsey nicht nur einen großen Teil der lästigen Alltagsarbeit ab, er hatte auch vieles mit dem Herrscher gemeinsam: «...beide waren kraftvoll, energisch und extrovertiert, beide waren sie intelligent, und beiden lechzten sie geradezu nach Ansehen, Prunk und unsterblichem Ruhm.»[56] Mit einem Wort, Thomas Wolsey war genau der Mann, den Heinrich VIII. brauchte, oder noch schärfer formuliert, mit Wolsey konnte die Herrschaft Heinrichs VIII. wirklich beginnen: der junge König konnte sich mit ihm von dem noch weitgehend von seinem Vater übernommenen Staatsrat befreien.

Das gestiegene Ansehen Wolseys spiegelte sich zunächst einmal in der Verleihung kirchlicher Würden. 1513 wurde er Bischof von Tournai, dann ebenfalls Bischof von Lincoln, und nur wenig später ernannte ihn Heinrich VIII. zum Erzbischof von York, Ernennungen, denen der Papst bereits 1515 – auf wiederholtes Drängen des englischen Königs – die Kardinalswürde folgen ließ. Nachdem Wolsey im November 1515 in einer feierlichen Zeremonie in Westminster Abbey den Kardinalshut in Empfang genommen hatte, wurde er im Dezember 1515 auch noch Lordkanzler; er übernahm damit von William Warham das weltliche Amt, das für die vielfältigen Koordinationsaufgaben, die er schon seit mehreren Jahren ohnehin wahrnahm, strukturell am besten geeignet erschien.

Heinrichs Höflinge, das englische Volk und vor allem die ausländischen Gesandten waren von Wolseys Reichtum, von der Pracht seiner Hofhaltung und von seiner offen zur Schau gestellten Macht wie geblendet. Im Mai 1515 schrieb Erasmus von Rotterdam, Wolsey sei allmächtig wie der König selbst[57], im Jahre 1516 bezeichnete Giustinian, der venezianische Gesandte, den Kardinal als «König und Urheber von allem... als Grund, Mitte und Ziel aller englischen Politik»[58]. 1519 zeichnete Giustinian das folgende – durchaus repräsentative – Porträt Thomas Wolseys: «Er ist etwa sechsundvierzig Jahre alt, sehr schön, sehr gebildet, außerordentlich redegewandt, von großen Fähigkeiten und unermüdlich. Er kümmert sich allein um alle Angelegenheiten... Und alle Staatsgeschäfte werden ebenfalls von ihm geleitet, von welcher Art auch immer sie seien. Er ist besonnen und gilt als außerordentlich gerecht. Er begünstigt das Volk ganz ungemein und besonders die Armen, hört alle ihre Gesuche an und bemüht sich, sie sofort zu erledigen. Er läßt auch die Advokaten unentgeltlich für die Armen plädieren. Er genießt ein großes Ansehen, wohl siebenmal mehr, als wenn er Papst wäre...Er ist es, welcher sowohl den König als auch das ganze Königreich beherrscht. Als der Botschafter zum ersten Male nach England kam, pflegte Wolsey zu sagen: ‹Seine Majestät wird dies oder jenes tun›, dann vergaß er sich nach und nach und begann zu sagen: ‹Wir werden dies oder jenes tun.› Inzwischen ist er soweit zu sagen: ‹Ich werde dies oder jenes tun.›»[59]

Wie der König selbst, so muß auch Thomas Wolseys Charakter neben seiner politischen Leistung als heftig umstritten gelten: zu offenkundig sind die persönlichen Schwächen, seine Prunk- und Ruhmsucht, seine fast lächerlich anmutende Eitelkeit; und seine Erfolge als Politiker wurden immer wieder, bisweilen schon nach wenigen Wochen, zunichte gemacht. Überhaupt, so wurde in der Vergangenheit mehrfach geurteilt, fehlte seiner Außenpolitik ein konstruktives Konzept. Für A. F. Pollard hingegen, den bedeutenden modernen Historiker der Tudor-Zeit, offenbarte Wolseys Politik sehr wohl ein Konzept: Wolsey habe beständig versucht, die englische Außenpolitik an der Politik des Heiligen Stuhls zu orientieren[60], und dies nicht etwa aus Loyalität gegenüber dieser göttlich eingesetzten Institution, sondern aus durchaus egoistischen Motiven, hoffte er doch selbst auf die päpstliche Tiara. Wie insbesondere J. J. Scarisbrick formuliert, schafft diese These Pollards jedoch mehr Probleme, als sie tatsächlich löst. Zum einen setzt sie voraus, daß die englische Außenpolitik der Jahre 1514 bis 1527 vollends die Politik Wolseys und nicht die des Königs war, eine Voraussetzung, die nicht den Tatsachen entspricht. Auch wenn der König tagelang in den Wäldern der Umgebung Londons jagte oder sich mit seinen Freunden bei Festen und Banketten vergnügte, er ließ sich immer von Wolsey unterrichten, war stets auf dem laufenden und bestimmte die Grundzüge der englischen Politik. Viele Details freilich überließ er der ausführenden Hand seines Lordkanzlers, und waren sie nicht einer Meinung, so war es der König, der die Richtlinien der Politik festsetzte. Heinrich VIII., und dies ist ein entscheidender Zug, der seine gesamte Regierungszeit hindurch zu beobachten ist, erwartete im internen Gespräch mit Wolsey – oder anderen Mitgliedern seines Rates – offene und ehrliche Antworten, wirkliche Ratschläge; die Entscheidungen jedoch fällte er allein, und wenn er eine Entscheidung getroffen hatte, verlangte er die absolute und uneingeschränkte Loyalität seines Rates. Zum anderen wird man, so erneut J. J. Scarisbrick, nach genauer Prüfung des Verhältnisses zwischen Papsttum und Thomas Wolsey kaum sagen können, daß der englische Kardinal eine kontinuierlich propäpstliche Politik betrieben habe: genauso häufig, wie sie mit den politischen Ambitionen des Heiligen Stuhls übereinstimmte, habe die englische Politik sich auch gegen die Interessen des Papsttums gerichtet.[61]

Als meines Erachtens überzeugendste Deutung der (außen-)politischen Ziele bringt Scarisbrick die Politik Thomas Wolseys auf die prä-

Hampton Court Palace, von Wolsey für sich erbaut, 1525 dem König zum Geschenk gemacht. Zeichnung von Anthonis van den Wyngaerde, 1558. Ashmolean Museum, Oxford

gnante Formel, Wolsey habe eine konsequente ‹Friedenspolitik› verfolgt, die zwar an den einzelstaatlichen Egoismen der europäischen Mächte gescheitert sei, der man jedoch weder die innere Logik noch die Ernsthaftigkeit des Versuchs ihrer Umsetzung bestreiten dürfe: «Wolseys Konzeption sah folgendermaßen aus: wenn der Friede in Europa in Gefahr wäre, dann dürfte auch Gewalt angewendet werden, vorausgesetzt, andere kämpften zuerst; schlüge dieses fehl, könnte England mit Krieg drohen, aber noch nicht zur Tat schreiten; schlüge auch dieses fehl, könnte England formell den Krieg erklären, aber wenn möglich immer noch nicht selbst kämpfen; wenn auch dieser Versuch gescheitert wäre, den gewünschten Frieden zu erreichen, sollte England eher mit einem schnellen, entscheidenden Schlag in den Krieg eintreten, als sich in langen, kräfte- und geldverzehrenden Feldzügen zu erschöpfen.»[62] Solche Politik war gewiß nicht das, was man heute als ‹Friedenspolitik› bezeichnen würde, da Friede in erster Linie als Friede für England verstanden wurde. Einige Beispiele dafür, mit welchen machiavellistisch durchtriebenen Mitteln Thomas Wolsey diese Ziele zu erreichen trachtete, werden wir im nächsten Abschnitt kennenlernen.

Hier gilt es nochmals festzustellen, daß diese ‹Friedenspolitik› nicht die Wolseys allein, sondern zugleich die Politik Heinrichs VIII. war, der mit seinem Lordkanzler in diesem Grundzug übereinstimmte und diese Politik damit überhaupt erst ermöglichte: «König und Kardinal waren sich in ihren Zielen vollkommen einig – Heinrichs Macht sollte zu Hause und im Ausland ausgebaut werden ... Heinrich und Wolsey waren sich auch über die Mittel einig, mit denen sie ihr gemeinsames Ziel erreichen wollten ... Sie versuchten nach Kräften, ausländische Herrscher gegeneinander aufzustacheln und den größten Nutzen aus den Kriegen anderer Nationen zu ziehen. Sie waren nicht im geringsten daran interessiert, Osteuropa von den Türken zu befreien. Sie wollten für Heinrich die Krone Frankreichs, wenn diese ohne einen längeren Krieg zu bekommen war. Andernfalls wollten sie sich mit Geld dafür abfinden lassen, daß Heinrich auf seinen Anspruch verzichtete. Sie wollten Schottland den Franzosen entreißen und es dem Einflußbereich der Engländer unterstellen. Auch dieses Ziel sollte nicht durch Krieg, sondern durch besonnene Diplomatie, durch Aufwiegeln schottischer Verräter, durch Schmeichelei und Drohung und durch einen gelegentlichen Überfall an der Grenze erreicht werden.»[63]

England und Europa 1514–1527

Greifen wir die Fäden der Handlung wieder auf. Im Winter 1513/14 wurde in England alles für einen neuerlichen Sommerfeldzug auf das Festland vorbereitet, obwohl sich die politische Situation im letzten Jahr grundlegend geändert hatte. Zum einen hatte sich Frankreichs König mit dem Papst ausgesöhnt, das schismatische Konzil in Pisa abgesagt und sich formell dem Papst und seinem Konzil auf dem Lateran unterworfen. Zum anderen bemühte sich der seit März 1513 im Amt befindliche neue Papst Leo X. um die Auflösung der antifranzösischen Heiligen Liga, um einen dauerhaften Frieden.[64] Dies allein hätte Heinrich VIII. nicht von seinen Eroberungsplänen abhalten können; zum wiederholten Male jedoch hatte sein Schwiegervater, Ferdinand von Spanien, mit gezinkten Karten gespielt. Ungeachtet aller Verträge mit Heinrich hatte er sich im Januar von Ludwig XII. bestechen lassen, einen neuen Waffenstillstand mit Frankreich zu schließen, dem sich auch Kaiser Maximilian anschloß; und wieder einmal hatte er Heinrich ohne dessen Wissen mit in diesen Waffenstillstand einbezogen. Die einzigen Verbündeten, die Heinrich nach dieser wiederholten Täuschung durch Ferdinand (und Maximilian) verblieben, waren angeworbene Schweizer Söldnertruppen. Dennoch trieben Heinrich und Wolsey ihre Kriegsvorbereitungen scheinbar unbeeindruckt voran. Mitte Juni landete eine kleinere englische Abteilung etwa 5 Kilometer westlich von Cherbourg und brannte einige Dörfer nieder, eine Vergeltungsmaßnahme für die Zerstörung des blühenden Fischerdorfs Brighton durch die Franzosen.[65] Wenige Wochen später jedoch wurde zwischen England und Frankreich – vollständig unerwartet –

Hochzeit Ludwigs XII. von Frankreich mit Maria Tudor, Heinrichs jüngerer Schwester, im Jahre 1514. Zeitgenössische Buchillumination von Pierre Gringoire

Frieden geschlossen, ein Frieden, den Wolsey mit großem Verhandlungsgeschick und nie erlahmender Energie in seinen Details ausgehandelt hatte. Ludwig XII. hatte zusätzlich zu den in den Verträgen von 1475 und 1492 festgelegten Geldern (750 000 Goldkronen) eine Million Goldkronen zu zahlen, in halbjährlichen Raten von 26 315 Kronen, die jeweils am 1. November und am 1. Mai in Calais fällig waren. Der Friedensvertrag sollte ein Jahr über den Tod eines der beiden Vertragspartner hinaus gültig sein. Zur Besiegelung des englisch-französischen Friedens wurde weiter vereinbart, daß Ludwig XII., der seit dem Januar des Jahres Witwer war, Heinrichs Schwester Mary heiraten sollte. Am 9. Juli stimmte Ludwig XII. den Friedensbedingungen zu, am 7. August wurde der Vertrag feierlich unterzeichnet, am St. Laurentius-Tag der Friede in ganz England ausgerufen und am 20. August 1514 setzte Heinrich VIII. den Vertrag in Kraft.

Diese Kehrtwendung der englischen Politik ist insgesamt schwer zu erklären: vielleicht schien Heinrich – nur mit den Schweizern als Verbündeten – der Krieg gegen Frankreich zu viele Risiken heraufzubeschwören, vielleicht verfehlten auch die beständigen Friedensmahnungen des Papstes auf Dauer nicht ihre Wirkung; und hinzu kommt wohl, daß Heinrich speziell auf Ferdinand mehr als wütend war. In kaum zwei Jahren hatte der ihn dreimal hintergangen, hatte durch Nichteinhaltung von Verträgen, durch hinterlistige Täuschungen das von Heinrich kunstvoll geknüpfte Netz um Frankreich immer wieder zerstört. Indem Heinrich sich nun mit Ludwig XII. verbündete, eröffnete sich für den englischen König zumindest die Chance, Ferdinand dies alles heimzuzahlen.[66] Sicherlich ist es kein Zufall, daß im August 1514 ein Venezianer schrieb: «Man sagt, daß der König die Absicht habe, seine Frau, die Tochter des Königs von Spanien und Witwe seines Bruders, zu verstoßen, weil er keine Kinder von ihr haben kann, und daß er vorhat, eine Tochter des französischen Herzogs von Bourbon zu heiraten. Er hat die Absicht, seine eigene Heirat zu annullieren, und wird vom Papst erlangen, was er will.»[67] Das gespannte Verhältnis zu Spanien, soviel wird man dieser Nachricht entnehmen dürfen, war am Hofe Heinrichs ein offenes Geheimnis.

Der Ehevertrag für die Heirat Ludwigs XII. mit Mary Tudor wurde schnell in die Tat umgesetzt. Am 13. August bereits fand die offizielle Hochzeit in Greenwich statt; im September 1514 brach Mary nach Frankreich auf, wo sie am 9. Oktober nochmals in der Kathedrale von Abbeville getraut wurde. Die Ehe mit dem greisen, gebrechlichen, etwa dreimal so alten Ludwig war für die lebenslustige, hübsche Mary ein Opfergang, in den sie erst nach beträchtlichem Widerstand und nach Heinrichs Versprechen, in zweiter Ehe einen Mann ihrer eigenen Wahl heiraten zu dürfen, eingewilligt hatte. Am Sonntag, dem 5. November 1514, wurde Mary zur Königin von Frankreich gekrönt; kaum acht Wochen später, genauer am 1. Januar 1515, war sie Königinwitwe: nach exakt 83 Tagen Ehe war Ludwig XII. am Neujahrstag verstorben.

Maria Tudor, Königinwitwe von Frankreich, mit ihrem zweiten
Mann Charles Brandon, dem Herzog von Suffolk. Anonymes
Gemälde

Nachdem Mary erklärt hatte, daß sie nicht schwanger war und dementsprechend Ludwig keinen Sohn mehr gebären konnte, wurde Ludwigs Cousin und Schwiegersohn, der Herzog von Angoulême, zum König Franz I. ausgerufen. Franz war zwanzig, hochgewachsen und so sportlich wie Heinrich und gleichfalls ein leidenschaftlicher Jäger und Soldat. Nur in einem war er dem englischen König von Beginn an voraus: er legte seiner Jagdleidenschaft gegenüber dem weiblichen Geschlecht keinerlei Zügel an. Bezeichnend ist, daß Franz I. – unmittelbar nach seiner Krönung am 25. Januar in Reims – versuchte, die Königinwitwe Mary zu verführen. Mary jedoch erklärte dem sie bedrängenden jungen König, sie liebe den Herzog von Suffolk und wolle ihn heiraten. Für Franz I. war dies, ungeachtet der kleinen persönlichen Niederlage, eine gute Nachricht; sofort sagte er dem Paar seine Unterstützung zu. Eine solche Heirat zwischen Suffolk, der als Gesandter Heinrichs am französischen Hofe weilte, und Mary lag im französischen Interesse, da Heinrich seine Schwester dann nicht mehr mit Karl von Kastilien (oder einem anderen Habsburger) verheiraten konnte, wenn er ein Bündnis gegen Frankreich schließen wollte. Und eine Verschlechterung des Verhältnisses zu England befürchtete Franz I. schon gleich zu Anfang seiner Regierung.

Er tat im übrigen auch alles, die Engländer gegen sich aufzubringen: zum einen verweigerte er die Rückgabe der Mitgift Marys und zum anderen sandte er den Herzog von Albany, John Stewart, nach Schottland. Nach dem Tod Jakobs IV. in der Schlacht bei Flodden hatte Margarete, die Schwester Heinrichs, für ihren Sohn Jakob V. die Herrschaft ausgeübt, sich allerdings knapp ein Jahr nach dem Tod ihres Mannes wieder verheiratet. Das schottische Parlament, bei dem die Heirat Margaretes mit einem prominenten Mitglied der pro-englischen Familie Douglas Furcht und Neid zugleich geweckt hatte, entschied, daß Margarete mit ihrer Wiederverheiratung das Recht verwirkt habe, als Regentin für ihren kleinen Sohn zu fungieren. Es ernannte den in Frankreich erzogenen und demnach pro-französischen John Stewart als nächsten Verwandten des Königs zum Regenten. Mit einem Wort, Franz I. versuchte mit der Entsendung Stewarts nach Schottland dazu beizutragen, Heinrich durch die in Schottland zu erwartenden Unruhen auf der Insel zu halten.[68]

Schnell verschlechterten sich die Beziehungen zwischen England und Frankreich. Durch die Vermittlung Wolseys hatte Heinrich VIII. inzwischen der bereits in Frankreich geschlossenen Ehe Marys und Suffolks seine Zustimmung gegeben, allerdings unter der Bedingung, daß Suffolk aus eigener Tasche jährlich einen Teil von Marys ursprünglicher Mitgift zurückzahlte. Nachdem Franz I. in die Lombardei eingefallen, in Bologna einen Friedensvertrag mit Papst Leo X. unterzeichnet und am 14. September 1515 die Schweizer bei Marignano, etwa 15 Kilometer von Mailand, vernichtend geschlagen hatte, glaubte Heinrich, daß er Franz nun Einhalt gebieten müsse. Ende Oktober schon verhandelte der englische König wiederum mit seinem Schwiegervater Ferdinand und schloß einen gegen Frankreich gerichteten Vertrag mit ihm. Gleichzeitig sandte Heinrich um Schweizer Söldner, die im nächsten Frühjahr, gemeinsam mit Kaiser Maximilian, gegen Mailand vorrücken sollten. Die verwirrenden Kriegshandlungen des nächsten Jahres, für deren Kosten weitgehend England aufzukommen hatte, können wir hier übergehen: sie waren im Grunde ergebnislos, zum einen, weil die Gelder für die Schweizer nicht pünktlich eintrafen, zum anderen, weil Maximilian sich plötzlich wieder aus dem Krieg zurückzog. Heinrichs Plan eines Angriffs der Schweizer von Süden auf Frankreich, den er selbst mit einem Einfall von Calais aus zu unterstützen gedachte, war damit gescheitert.[69]

Am 23. Januar 1516 starb Ferdinand von Spanien. Prinz Karl von Kastilien und Österreich, der Enkel Ferdinands, folgte ihm auf dem Thron von Aragon und übernahm gleichzeitig die Regentschaft von Kastilien für

Franz I., König von Frankreich. Gemälde von Jean Clouet, um 1535. Louvre, Paris

seine Mutter, Johanna die Wahnsinnige. Während Karl mit Heinrich VIII., dem Papst und Kaiser Maximilian über ein antifranzösisches Bündnis verhandelte, schloß er im August 1516 mit Franz I. einen Freundschaftsvertrag (Vertrag von Noyon). Auch Kaiser Maximilian spielte ein Doppelspiel; er gab vor, der antifranzösischen Allianz beitreten zu wollen, bekam seine Schulden in England erlassen – und trat im Februar 1517 ebenfalls dem Vertrag von Noyon bei. Da mittlerweile auch die Schweizer dem französischen Geld nicht hatten widerstehen können, war der diplomatische Versuch, Frankreich zu isolieren, ebenso gescheitert wie die Feldzugspläne des Vorjahrs.[70]

Dennoch wird man die englische Politik der Jahre 1514 bis 1517 nicht in toto als Fehlschlag bezeichnen können. Die von England finanzierten Aktionen Maximilians hatten Franz I. vermutlich daran gehindert, weiter nach Italien vorzudringen, und auch in Schottland konnte Heinrich 1517 einen zufriedenstellenden Kompromiß erreichen: Franz I. beorderte Albany auf unbestimmte Zeit zurück nach Frankreich. Der bevorstehende Friede in Europa im Winter 1517/18 ermutigte Papst Leo X., auf seine schon mehrfach formulierten Kreuzzugspläne zurückzukommen. Eine konzertierte Aktion aller christlichen Könige und Fürsten sollte die Türken zurücktreiben und Konstantinopel befreien. Am 6. März 1518 ließ Leo X. feierlich einen fünfjährigen Waffenstillstand verkünden, die Voraussetzung für seine Kreuzzugspläne. Bald jedoch lag die diplomatische Initiative nicht mehr in den Händen des Papstes und seines Legaten, des Kardinals Campeggio, sondern in den bewährten Händen Wolseys. Schon zu Anfang des Jahres 1518 begannen sich Wolseys Friedenspläne gedanklich zu konkretisieren. Da Karl von Spanien und Maximilian mit Frankreich Frieden geschlossen hatten, blieb England kaum eine andere Wahl, als auch einen Ausgleich mit Franz I. zu suchen.

Soweit bewegten sich die diplomatischen Aktivitäten noch in den gewohnten Bahnen; was Wolsey und Heinrich VIII. jedoch tatsächlich beabsichtigten und nach langen Verhandlungen auch erreichten, war revolutionär und bescherte England einen bedeutenden außenpolitischen Erfolg. Am 2. Oktober 1518 unterzeichneten und beschworen der Papst, England, Frankreich, Spanien und der Kaiser den Vertrag von London, den in den nächsten Monaten noch rund zwanzig weitere Staaten unterzeichnen sollten. Dieser Vertrag verpflichtete alle Unterzeichner zum Frieden und sah – im Falle des Zuwiderhandelns eines beteiligten Staates – eine kollektive Strafaktion aller übrigen vor. Jeder aggressive Akt sollte spätestens nach Ablauf dreier Monate durch einen kollektiven militärischen Gegenschlag beantwortet werden, bis der Friede wiederhergestellt wäre. Bis in die Details hinein, etwa daß jeder der Unterzeichner in einem solchen Fall den Durchzug von Truppen durch sein Hoheitsgebiet gestatten sollte, waren solche konzertierten Strafaktionen vertraglich festgelegt; jeder den Frieden störende aggressive Akt wurde damit zu einem gewaltigen Risiko. Dieser multilaterale Vertrag war etwas, was Europa noch nie gesehen hatte; und es war ein Friedensplan, den Wolsey wohl nach dem Vorbild früherer Pläne konzipiert und in zähen Verhandlungen realisiert hatte.[71]

Am 4. Oktober, sozusagen ergänzend zu diesem multilateralen Vertrag von London, unterzeichneten Frankreich und England einen bilateralen Vertrag, in dem Heinrich VIII. Franz I. Tournai zum Preis von 600000 Kronen zurückverkaufte. Die gut zweieinhalbjährige Tochter Heinrichs, Maria, sollte den fünf Monate alten Sohn des französischen Königs, den Dauphin, heiraten, sobald beide vierzehn Jahre alt wären. Schottland blieb vertraglich ausgeklammert, aber dennoch sagte der französische Gesandte schweren Herzens zu, daß Albany nicht dorthin zurückkehren

Das Treffen auf dem Güldenen Feld. Vorn links Heinrich VIII. mit seinem Gefolge. Gemälde von Johannes Corvus (?), 1520. Hampton Court, London

würde.[72] Den Gepflogenheiten der Zeit entsprach es, daß die ausländischen Gesandten in London mit prächtigen Maskenspielen, prunkvollen Turnieren, ausgedehnten Jagdpartien und üppigen Banketten unterhalten wurden, wobei für die Festgelage unter anderem 3000 Brote, 367 Schüsseln Butter, 312 Hühner, 384 Tauben, 648 Lerchen, 60 Gänse, 11

Ochsen, 56 Hammel, 10 Schweine, 15 Schwäne, 4 Pfauen, 3000 Äpfel, 1300 Birnen, 220 Quitten, über 3 Fuder Wein und mehr als doppelt soviel Bier verbraucht wurden.

Im Januar 1519 starb Kaiser Maximilian; die gesamteuropäische Friedenskonzeption war damit so kurz nach ihrer vertraglichen Fixierung bereits in Gefahr, zur bloßen Makulatur zu werden. Es begann sofort ein erbitterter Machtkampf um die Nachfolge Maximilians, wie Du Bellay im Rückblick festhielt: «Franz, König von Frankreich, und Karl, König von Spanien, schienen die einzigen Konkurrenten zu sein, die Anspruch auf diese erste Würde des Reiches erheben konnten, und auf beiden Seiten war das Bestreben gleich groß, sich eine mächtige Partei zu schaffen. Der französische Admiral de Bonnivet reiste im geheimen an die Höfe der Kurfürsten. Mehrere ließen ihn ihre Stimme für den König, seinen Herrn, erhoffen, aber die Intrigen des Pfalzgrafen Friedrich und mehr noch diejenigen Erhards von der Marck, des Bischofs von Lüttich, vereinten alle Stimmen zugunsten Karls, welcher nach einstimmiger Wahl zu Frankfurt in Aachen gekrönt wurde.»[73] Nachdem Karl, der König von Spanien, am 28. Juni, dem zweiten Wahltag morgens um sieben Uhr zum Kaiser gewählt worden war, hatte sich das Kräfteverhältnis in Mitteleuropa nachhaltig verändert, so daß erfahrene Staatsmänner beunruhigt waren: «Zehn Jahre zuvor war Westeuropa von vier älteren und umsichtigen Souveränen regiert worden; nun hatten drei junge Männer den Platz von Maximilian, Ferdinand, Ludwig XII. und Heinrich VII. eingenommen, die alle nach militärischem Ruhm dürsteten. Heinrich VIII. war mit achtundzwanzig der Älteste. Franz I. war fünfundzwanzig, Karl V. neunzehn.»[74]

Heinrich VIII. und Wolsey waren jedoch nicht auf militärische Lorbeeren, sondern auf die Erhaltung der europäischen Friedensordnung aus, und dies in einem Europa, das zunehmend in die Rivalitäten zwischen Karl V. und Franz I. hineingerissen wurde. Ganz im Sinne des Vertrags von London vom 2. Oktober 1518 handelten Heinrich und Wolsey bei den großen Fürstentreffen des Jahres 1520. Zunächst trafen sich Heinrich und Karl am 27. Mai 1520 in Canterbury, dann Franz und Heinrich auf dem Festland, an der Grenze zwischen dem englischen Brückenkopf Calais und Frankreich (7.–23. Juni 1520), dann nochmals Heinrich und Karl vom 10. bis zum 13. Juli 1520 in Calais und Gravelines. Insbesondere das Treffen mit Franz I., für das ein provisorischer Palast errichtet und sogar ein Hügel abgetragen worden war, damit keiner der beiden Herrscher, während sie aufeinander zuritten, zum anderen aufschauen mußte, geriet zur Demonstration ritterlicher Tugend, üppiger Pracht und Verschwendung. Dieses Treffen auf dem Güldenen Feld hatte den gesamten Adel Englands mit dem französischen Adel zusammengeführt, und war wohl – modern gesprochen – als vertrauensbildende Maßnahme gedacht, die die tiefverwurzelte Feindschaft auf beiden Seiten abbauen sollte. Wie in den Gesprächen mit Karl V. blieb Heinrich konsequent im Rahmen des Vertrags von London: er erneuerte lediglich mit Franz den Ehekontrakt für die Heirat zwischen Maria und dem Dauphin, und mit Karl unterzeichnete er einen Vertrag, der beide verpflichtete, ohne die Zustimmung des anderen keinen neuen Vertrag abzuschließen.[75]

Im Frühjahr 1521 trat genau das ein, was Heinrich VIII., Wolsey und

Eröffnung des Parlaments am 15. April 1523, auf dem Podest König Heinrich VIII. Stich nach einer zeitgenössischen Miniatur

viele andere befürchtet hatten: zwischen Karl V. und Franz I. kam es zu ersten Feindseligkeiten. Ohne dies hier im Detail ausführen zu können, bleibt festzuhalten, daß Franz I. durch seinen Angriff auf Karls Königreich Navarra, das Ferdinand von Aragon 1512 erobert hatte, der eigentliche

Aggressor war. Nach dem Vertrag von London hätte dies den gemeinsamen Gegenschlag aller übrigen Unterzeichner notwendig gemacht, und Karl bat Heinrich tatsächlich, ihm zu Hilfe zu kommen. Heinrich weigerte sich und bot statt dessen an, zwischen Karl V. und Franz I. zu vermitteln; der Vertrag von London war damit de facto nach knapp drei Jahren nur noch ein historisches Dokument eines großen, jedoch vorläufig nicht tragfähigen Plans. Wiederum mußte sich die englische Außenpolitik umorientieren, die Phase der Vermittlung war vorüber.

Heinrich VIII. und Wolsey entwickelten gemeinsam einen neuen Plan. Eckpfeiler ihrer Überlegungen war, Heinrichs Tochter Maria mit Karl V. zu verheiraten. Karl war nur sechzehn Jahre älter als Maria und würde noch Kinder zeugen können, wenn Maria im heiratsfähigen Alter wäre. Gemeinsam mit Karl könnte man in Frankreich einfallen. Karl sollte die französischen Provinzen von Burgund, einige Gebiete an der Ostgrenze und Guyenne an der spanischen Grenze erhalten, während Heinrich König des restlichen Frankreichs würde. Nach Heinrichs Tod sollten Karl und Maria gemeinsam über England, Frankreich und Spanien herrschen. Karl jedoch war von diesem Vorschlag alles andere als begeistert: seiner Auffassung nach war Heinrich auf Grund des Londoner Vertrags verpflichtet, ihm unverzüglich Hilfe zu leisten; ein neuer Vertrag mit England schien ihm überflüssig. Wolsey wiederum, von Heinrich mit den Verhandlungen betraut, spielte ein gewagtes und abgefeimtes Spiel: während er in Calais zwischen Karl und Franz vermittelte (August 1521), schloß er zugleich am 25. August 1521 in Brügge ein geheimes Militärbündnis mit Karl gegen Frankreich. Dieses sah vor, daß Heinrich und Karl bis spätestens Mitte Mai 1523 mit je 40000 Mann in Frankreich einfallen sollten. Dieser Vertrag sollte zunächst streng geheimgehalten werden, um sowohl die Waffenstillstandsverhandlungen als auch die Kriegsvorbereitungen nicht zu stören. Als Wolsey nach langwierigen, aufreibenden Verhandlungen in Calais am 28. November 1521 nach England zurückkehrte, war sein Vermittlungsversuch zwischen Karl und Franz endgültig gescheitert; statt dessen hatte er mit Karls Gesandten ein zweites geheimes Abkommen ausgehandelt, das einen England-Besuch Karls im Frühjahr 1522 und eine gleichzeitige Kriegserklärung Heinrichs an Franz vorsah.

Wolseys Versuch, als Nachfolger Leos X. zum Papst gewählt zu werden, scheiterte, obwohl ihn Heinrich nach Kräften unterstützte und auch Karl seine Unterstützung zugesagt hatte. Offensichtlich aber hatte Karl Wolsey getäuscht; zum Erstaunen aller Beobachter des Konklave wurde 1522 im vierzehnten Wahlgang der flämische Kardinal Adrian, Bischof des spanischen Tortosa und ehemaliger Erzieher Karls, als Hadrian VI. zum Papst gewählt, im übrigen für die nächsten 456 Jahre der letzte nichtitalienische Papst.

Und nicht nur mit Wolsey trieb Karl V. falsches Spiel, er zog bereits die Möglichkeit in Betracht, Heinrich zu verraten. Im Januar 1522 wies Karl seinen Gesandten in Portugal an, den König von Portugal zu bitten, doch wenigstens eine seiner Töchter noch nicht zu verheiraten. Der große Plan Heinrichs und Wolseys, dessen Grundlage die Ehe Karls mit Maria war, drohte damit ebenso zu scheitern wie der große Friedensplan des Jahres 1518.

Es ist für unsere Zwecke müßig, die Kriegsvorbereitungen, die Kriegszüge der Jahre 1522 und 1523, die das englische Heer unter Suffolk im November 1523 bis auf knapp 100 Kilometer an Paris heranführten, im Detail darzulegen, da auch diese Erfolge nur kurzlebig waren. Die entscheidende Schlacht in den Auseinandersetzungen mit Frankreich wurde an anderer Stelle und von Karls V. Vasallen, dem Herzog von Bourbon, geschlagen: er besiegte am 14. Februar 1525, dem 25. Geburtstag seines Souveräns, bei Pavia die Franzosen und nahm Franz I. gefangen. Heinrich und Wolsey feierten die Nachricht von dem glorreichen Sieg ihres Verbündeten mit einem feierlichen Te Deum in der St. Paul's Kathedrale und ordneten an, im ganzen Land die Kirchenglocken zu läuten und Freudenfeuer anzuzünden.

Bald schon wich die Freude über den Sieg Karls der Ernüchterung: Karl dachte nämlich nicht daran, Heinrich dabei zu unterstützen, den Thron Frankreichs zu gewinnen. Einen konkreten Vorschlag Englands, sich Frankreich zu teilen und Franz für abgesetzt zu erklären, lehnte Karl rundweg ab; er wolle nicht gegen einen Gefangenen Krieg führen. Diese scheinbar so noble Geste verschleierte für kurze Zeit, daß er die Früchte seines Sieges nicht zu teilen gedachte.

Und wiederum orientierten Wolsey und Heinrich die englische Außenpolitik gänzlich um: Louise von Angoulême, die Regentin Frankreichs während der Gefangenschaft Franz' I., schloß im August 1525 einen Friedensvertrag mit England, in dem sie zusicherte, daß Heinrich alle ausstehenden Gelder auf Grund der früheren Verträge (1492, 1514 und 1518), deren Auszahlung während des Kriegs jedoch eingestellt worden war, sowie zusätzlich noch 2 000 000 Goldkronen erhalten sollte. Im Januar 1526 schlossen auch Karl V. und Franz I. einen separaten Friedensvertrag: nachdem Franz erhebliche territoriale Einbußen (Burgund, Tournai und weitere Städte in Flandern, dazu das Herzogtum Mailand) in Kauf genommen hatte, wurde er im März 1526 freigelassen; seine beiden Söhne jedoch mußte Franz als Garanten für die Einhaltung der Vereinbarungen an Karl überstellen.

Die politische Situation in Europa hatte sich wieder einmal grundlegend geändert. Im September 1523 war Papst Hadrian VI. gestorben, Wolsey war erneut nicht zum Zuge gekommen, und mit Kardinal Medici als Clemens VII. saß wiederum ein Italiener auf dem Stuhle Petri. Karl V. galt nach der Schlacht von Pavia als der starke Mann Europas und insbesondere als Bedrohung für Italien, beherrschte er doch bereits die gesamte italienische Halbinsel. Den Papst und einige italienische Herzöge ermu-

53

Die Plünderung Roms durch Truppen Karls V., 1527. Kupferstich von Johann Ludwig Gottfrieds

tigten Heinrich und Wolsey, eine Allianz gegen Karl V. ins Leben zu rufen. Sie sicherten dieser neuen heiligen Liga finanzielle Unterstützung zu, wollten England jedoch aus den eigentlichen Kämpfen heraushalten; sie waren darauf bedacht, den Handel zwischen England und den Niederlanden nicht zu gefährden. Während Heinrich und Wolsey noch Ausreden erfanden, um die Bekanntgabe von Englands Beitritt zur heiligen Liga hinauszuschieben, kam es bereits zu ersten Kampfhandlungen, in denen Karls Truppen die Heere der Liga schlugen. Am 20. September 1526 fielen die Soldaten Karls in Rom ein, brandschatzten und plünderten die Heilige Stadt. Der Papst schloß einen Tag darauf einen Waffenstillstand, setzte aber bald, von englischem Geld ermutigt, den Kampf fort. Wiederum wurde das Heer der Liga besiegt; Anfang Mai 1527 erreichten Karls Truppen unter Führung des Herzogs von Bourbon erneut Rom und eroberten es; zwölf Tage mordeten, raubten und plünderten die Landsknechte Karls V. in der Ewigen Stadt.

Eine Woche vor der Plünderung Roms hatte Wolsey mit dem französischen Gesandten in London einen neuen Vertrag ausgehandelt: Heinrichs Tochter Maria, die, nachdem Karl V. 1525 eine portugiesische Prinzessin geheiratet hatte, wieder als Heiratsobjekt zur Disposition stand, sollte entweder Franz I. oder dessen zweiten Sohn, den Herzog von Orléans, heiraten; Heinrich VIII. und Franz I. sollten Karl V. gemeinsam zwingen, die beiden Söhne des französischen Königs freizulassen und seine Schulden bei Heinrich zu bezahlen.[76]

Deutlich, so wird man im Rückblick formulieren müssen, stand die Außenpolitik von 1514 bis 1527 im Mittelpunkt der Aufmerksamkeit Heinrichs und Wolseys; beide konnten ihr Hauptaugenmerk auf europäische Belange richten, weil es im eigenen Land relativ ruhig geblieben war. Die gegen in London ansässige Ausländer gerichteten Unruhen vornehmlich Londoner Lehrlinge am 1. Mai 1517, die der König mit Hinrichtungen beantwortete, waren nur eine Episode gewesen. Der Hochverratsprozeß gegen Edward Stafford, dritter Herzog von Buckingham und Großkonnetabel von England, der auf Grund eines anonymen Briefs, von Gerüchten und Altweibergeschwätz zum Tod durch das Henkerbeil verurteilt worden war (17. Mai 1521), hatte ebenfalls dem Ansehen Heinrichs VIII. nicht geschadet. Erst Mitte der zwanziger Jahre kam es wiederholt zu kleineren Aufständen: zu bedrückend war die Steuerlast, die den Untertanen auferlegt war, um die militärischen Ambitionen ihres Königs zu finanzieren. Zu allem Überfluß appellierten Heinrich und Wolsey 1525 an das Volk, dem König ein freiwilliges Geldgeschenk darzubringen, eine sogenannte Freundschaftsabgabe. In Südengland regte sich heftiger Widerstand, in Tonbridge, Chelmsford, Stansted, Studbury und Norwich weigerte sich die Bevölkerung, auch nur einen Penny zusätzlich zu den gesetzlich festgelegten Steuern zu zahlen; in Lavenham in Suffolk wurden die königlichen Beamten sogar handgreiflich bedroht. Bezeichnend ist, daß für alle Unbill nicht etwa der König, sondern Wolsey verantwortlich gemacht wurde. Der Kardinal wurde gehaßt und angefeindet; und – im Unterschied zum König – er war nicht bereit, viel auf die Stimmung im Volk zu geben. Während der König bei der Freundschaftsabgabe zurücksteckte, löste Wolsey weitere Unrast aus. Gemäß seiner Machtbefugnis als päpstlicher Legat (seit 1524 auf Lebenszeit) und gemäß den Bestimmungen einer päpstlichen Bulle hatte er 22 Klöster aufgelöst und mit dem ehemaligen Klostervermögen zwei Colleges, eines in Oxford und eines in Ipswich, gegründet; aber die Klosterauflösungen hatten zu Tumulten geführt.

Während das Türkenheer immer weiter nach Zentraleuropa vorrückte, im Frühjahr 1526 in Ungarn einfiel und am 29. August 1526 bei Mohács den jungen Ungarn-König Ludwig vernichtend schlug, während die übrigen Mächte Europas sich wieder einmal in Bündnissen miteinander oder besser gegeneinander auszuspielen suchten, während die englische Bevölkerung gegen Wolsey aufgebracht war, sorgte sich Heinrich VIII. in England um seine Nachfolge. Am 16. Juni 1525 hatte er seinen 1519 gebo-

Heinrichs Schrift «Assertio septem Sacramentorum», 1521. Präsentationsexemplar für Papst Leo X. Biblioteca Apostolica Vaticana, Rom

renen, unehelichen Sohn Henry Fitzroy in den Adelsstand erhoben und zum Grafen von Nottingham und zum Herzog von Richmond und Somerset ernannt. Kurzzeitig erwog der König wohl, seinen unehelichen Sohn zum Nachfolger aufzubauen; der Titel des Herzogs von Richmond war immerhin der Titel, mit dem Heinrich VII. in die Schlacht von Bosworth (1485) gegen Richard III. gezogen war. Offenbar ließ Heinrich VIII. seine Pläne jedoch wieder fallen, vielleicht hatte er eingesehen, daß die Thronfolge eines unehelichen Sohnes zu leicht anzufechten war.[77]

Europa in Aufruhr, die Türken in Ungarn, der Papst Gefangener Karls V., England im Bunde mit Frankreich und der Heiligen Liga gegen den Kaiser, in England Unzufriedenheit gegenüber Kardinal Wolsey, so etwa wird man die politische Situation um Heinrich VIII. im Frühjahr 1527 umreißen können.

Seit 1517, dem Jahr des Thesenanschlags Martin Luthers, hatte sich der Unruhe und der Unrast in Mitteleuropa eine weitere Dimension eröffnet: der religiöse Dissens trug ebenfalls zur Destabilisierung der Kräftegleichgewichte bei. In England war in der Woche der Hinrichtung des Herzogs von Buckingham die neue Lehre erstmals öffentlich zur Kenntnis genommen worden: am 12. Mai 1521 predigte Bischof Fisher über die Gottlosigkeit Luthers, und nach einer über zweistündigen Predigt wurden lutherische Schriften öffentlich verbrannt; jeder, der Luthers Bücher las, machte sich zukünftig der Ketzerei schuldig. Im Juli 1521 veröffentlichte Heinrich VIII. seine *Assertio septem Sacramentorum*, eine theologisch fundierte Rechtfertigung der traditionellen Lehre von den sieben Sakramenten. Im Oktober 1521 überreichte John Clerk, Heinrichs Gesandter in Rom, Papst Leo X. im Konsistorium ein prachtvoll gebundenes Exemplar mit einer eigenhändigen Widmung des Königs. Im Gegenzug erhielt Heinrich vom Papst endlich den Titel, den er sich spätestens seit 1516 innigst wünschte, ‹Defensor Fidei›, Verteidiger des Glaubens.[78]

Im Frühjahr 1527, dies gilt es abschließend festzuhalten, war Heinrich VIII. nicht nur politisch ein Verbündeter des Papstes, er durfte auch religiös als ein eifriger Verfechter des traditionellen Glaubens gelten; er war – wie es sein offizieller Titel festhielt – «von Gottes Gnaden König von England und Frankreich, Verteidiger des Glaubens und Lord von Irland».

Die Eheaffäre

Bis zum Sturz Kardinal Wolseys

Spätestens im Winter 1526/27 traf Heinrich VIII. die folgenreichste Entscheidung seines Lebens: er beschloß, sich von seiner Ehefrau Katharina scheiden zu lassen. Genaugenommen ist schon der Begriff Scheidung unangemessen. Es ging nicht um eine Ehescheidung im modernen Sinne, sondern um die Annullierung der Ehe, um die rechtswirksame Feststellung, daß die 1509 zwischen Heinrich und Katharina von Aragon geschlossene Ehe von vornherein ungültig war. Über die Motive, die Heinrich VIII. zu dieser Entscheidung veranlaßten, ist in der Vergangenheit viel geschrieben worden, obwohl oder vielleicht gerade weil so viele Details unklar sind. Auf jeden Fall unbefriedigend ist eine Erklärung, die auch die gut dokumentierten Einzelheiten mit modernen, überwiegend entwicklungspsychologisch fundierten Modellen zu harmonisieren versucht: «Ein Mann auf der Höhe seines Lebens ist nach langer Vernunftehe seiner frömmelnden, kränklichen und wesentlich älteren Frau überdrüssig und verliebt sich in ein junges und schönes Mädchen, das seiner Werbung nicht nachgibt, weil es wohl seine Frau, aber nicht seine Geliebte werden will. Der Mann setzt alles daran, die Scheidung zu erreichen, um das Mädchen heiraten zu können.»[79] Wie Ulrich Suerbaum zu Recht ausführt, ist diese Version zu einseitig. Sie wird weder den beteiligten Personen noch der konkreten historischen Situation gerecht.

Analysieren wir statt dessen unvoreingenommen die erhaltenen zeitgenössischen Dokumente, so verbleiben drei mögliche Motive, die Heinrichs Scheidungsbegehren erklären können: 1. echte Gewissensskrupel, in einer wider göttliches Gebot geschlossenen Ehe zu leben, 2. der Wunsch nach einem männlichen Nachfolger und 3. die Liebe zu Anne Boleyn.

Mustern wir die einzelnen Motive der Reihe nach durch und beginnen mit den Gewissensskrupeln, einem Motiv, das nur die wenigsten modernen Interpreten ernsthaft zu prüfen bereit sind, scheint doch eine solche Regung nicht zu dem Bild zu passen, das man sich von Heinrich VIII. vorschnell gemacht hat. Zu den überlieferten Zeugnissen allerdings paßt

Katharina von Aragon, Heinrichs erste Ehefrau.
Gemälde von Michiel Sittow. Kunsthistorisches Museum, Wien

es sehr wohl. Die Ehe zwischen Katharina von Aragon und Heinrich konnte erst nach einer Dispens des Papstes geschlossen werden, und wohl noch unmittelbar vor der Eheschließung im Jahre 1509 hatte William Warham, der Erzbischof von Canterbury, ernsthafte Zweifel an der Gültigkeit der mittlerweile sechs Jahre alten Dispens angemeldet.[80] Die Ehe des Königspaars war anfangs eine durchaus glückliche Verbindung, getragen von gegenseitiger Zuneigung und tiefem Respekt. Noch unmittelbar nach der Geburt der Tochter Maria am 18. Februar 1516 formulierte der König unmißverständlich seine Hoffnungen auf einen männlichen Erben: *Wir sind beide jung; wenn es diesmal ein Mädchen ist, so werden durch die*

Gnade Gottes Knaben folgen.[81] Dieser Satz, den der venezianische Gesandte der Nachwelt überlieferte, ist bezeichnend für Heinrich VIII.: noch setzte er sein ganzes Vertrauen auf die Gnade Gottes, die ihm und seiner Ehefrau den ersehnten Sohn schenken sollte. Aber – Katharina machte eine Schwangerschaft nach der andern durch[82], durchlitt Fehl- und Totgeburten, und nur die Tochter Maria überlebte das Säuglingsalter. Ist es dann nicht verständlich, daß Heinrich, ein gläubiger, vielleicht sogar ein zutiefst religiöser Mensch, zu zweifeln begann, daß er sich fragte, warum ihn der Herr so strafte? Die Fehl- und die Totgeburten Katharinas, waren sie nicht alle Fingerzeige Gottes? Verwiesen diese Zeichen nicht auf Gottes höchsteigene Worte, die er einst zu Moses gesprochen hatte (Lev. 18,16: «Die Scham vom Weibe deines Bruders darfst du nicht aufdecken, es ist deines Bruders Scham», und 20,21: «Nimmt jemand das Weib seines Bruders, so ist das abscheulich; er hat seines Bruders Blöße enthüllt; sie werden kinderlos bleiben»)? Erfüllte sich nicht an ihm die göttliche Strafe, die Gottes Worte für die Ehe mit der Frau des Bruders androhten? Und war eine solche Ehe mit der Witwe des Bruders nicht durch göttliches Recht schlichtweg verboten? So oder so ähnlich könnte Heinrich seine Gewissensskrupel in Worte gekleidet haben, und so ließ er sie später auch verkünden.

Schon mehrfach angeklungen ist das zweite mögliche Motiv Heinrichs: der tiefempfundene Wunsch nach einem Sohn, der den Fortbestand der Dynastie garantieren sollte. Auch hier muß man als moderner Interpret versuchen, einen solchen Wunsch aus der konkreten historischen Situation heraus zu verstehen. Dazu gilt es, unser Wissen um die große Königin Elisabeth I., die das Werk ihres Vaters so eindrucksvoll fortsetzen sollte, hintanzustellen. Daß eine Frau so lange (1558–1603) unangefochten und erfolgreich die Herrschaft ausüben konnte, war für Heinrich nicht vorhersehbar; es war im Grunde etwas, das jenseits aller Vorstellungskraft lag. Die Erfahrungen der Vergangenheit, in erster Linie die als Nachfolgerin ihres Vaters Heinrichs I. (1100–35) designierte Mathilde und die daraus resultierenden Unruhen und Bürgerkriege (1139–53), ließen Heinrich VIII. das Schlimmste befürchten. Es gab zwar kein Gesetz, das die Herrschaftsübergabe an eine Frau verbot, aber eine solche Nachfolgeregelung konnte leicht angefochten werden; insbesondere bei einer Heirat mit einem ausländischen Fürsten wären Probleme zu erwarten gewesen.[83] Mit einem Wort, obwohl Heinrich VIII. seine Tochter Maria mit dem ungewöhnlichen Titel einer ‹Prinzessin von Wales›, dem traditionellen Titel des präsumtiven Nachfolgers, ausgezeichnet hatte, mußte er Mitte der zwanziger Jahre die Nachfolgefrage als nur unbefriedigend gelöst betrachten. Gleichzeitig waren sich alle Ärzte darüber einig, daß von der mittlerweile über vierzigjährigen Katharina keine Kinder mehr zu erwarten waren. Und noch ein weiteres gilt es zu bedenken: Heinrich VIII. sah seine Herrschaft und die Herrschaft der Tudors als keineswegs gesichert

an, wie die Hinrichtungen Edmund de la P̶o̶l̶e̶s̶ und des Herzogs
von Buckingham (1521) auf makabere Weise d̶o̶k̶u̶m̶e̶n̶t̶i̶e̶r̶e̶n̶. Es war
kaum 40 Jahre her, daß sein Vater Heinrich VII. dem le̶t̶z̶t̶e̶n̶ York,
Richard III. in der Schlacht von Bosworth die Krone abgerun̶g̶e̶n̶. Und
sollte er, Heinrich VIII., ohne männlichen Erben sterben, bestand d̶a̶
nicht die große Gefahr, daß England wiederum in ein Zeitalter der Anarchie, der Bürgerkriege, zurückfallen könnte? Ein Sohn, so mag Heinrich gedacht haben, könnte dies alles abwenden, ein Sohn hätte ihm eine nur schwer anzufechtende Regelung der Nachfolgefrage beschert.

Kommen wir zum dritten, dem am wenigsten umstrittenen Motiv für Heinrichs Entschluß, die Ehe mit Katharina annullieren zu lassen, der Liebe zu Anne Boleyn. Wir wissen nicht genau, wann die bloße Bekanntschaft, das höfische Getändel zwischen dem immer noch attraktiven König und der jungen, zierlichen und intelligenten Anne Boleyn der Liebe wich, einer tiefen, leidenschaftlichen und schrankenlosen Liebe, die das Leben aller Beteiligten so nachhaltig beeinflussen sollte. Heinrich VIII. soll eine echte, tiefe, leidenschaftliche Liebe empfunden haben? Und ein solches alle Vernunft verzehrendes Gefühl soll er einer Frau entgegengebracht haben, die er kaum zehn Jahre später hinrichten ließ? Einer solchen Vorstellung steht das von vielen Vorurteilen geprägte Bild des englischen Königs als lüsterner Wüstling entgegen, für das stellvertretend E. Jacobs und E. de Vitray zitiert seien: «Heinrich hat jedoch bereits von Jugend an viele Amouren gehabt und leichte Mädchen geliebt.»[84] Wenn dies tatsächlich wahr ist, dann war Heinrich VIII. außerordentlich diskret, so diskret, daß nur wenige Zeugen über außereheliche Abenteuer des Königs zu berichten wußten. Sicher nachweisbar sind nämlich, und dies ist gerade in Relation etwa zu Franz I. oder Karl V. mehr als überraschend, nur zwei außereheliche Affären Heinrichs, die eine mit Elisabeth Blount, die ihm den illegitimen Sohn Henry Fitzroy, den späteren Herzog von Richmond, gebar, und die andere mit der älteren Schwester Annes, mit Mary Boleyn. J. J. Scarisbrick ist daher uneingeschränkt beizupflichten, wenn er Heinrich VIII. mit scharfen Worten gegen ungerechtfertigte Vorwürfe verteidigt: «Er war kein aufsehenerregender Wüstling, kein Don Juan... und verglichen mit Franz I. oder Karl V. – oder vielen englischen Königen vor und nach ihm – war er fast die Genügsamkeit selbst.»[85]

Gehört das Bild Heinrichs VIII. als lüsterner und – wie die Geschichtsschreibung des 19. Jahrhunderts noch ergänzte – syphilitischer Wüstling ins Reich der Legende, so dokumentieren andererseits siebzehn Liebesbriefe Heinrichs an Anne Boleyn[86] die Tiefe seiner Gefühle zu ihr. Schon die Tatsache, daß diese siebzehn Briefe, wohl nur ein Bruchteil der tatsächlich geschriebenen Briefe, allesamt eigenhändige Schreiben des Königs sind, akzentuiert das Außergewöhnliche seiner Empfindungen für Anne. Lesen und Schreiben von Briefen waren Heinrich nämlich generell ein Greuel. Thomas Wolsey mußte ihm immer wieder Kurzfassungen der

...gleichen diplomatischen Korrespondenz vorlegen und Entwürfe für die königlichen Schreiben anfertigen. Selbst die Korrespondenz mit Wolsey überließ Heinrich, von wenigen persönlichen Sätzen abgesehen, zumeist seinem Sekretär, und bereits ab 1512 benutzte der König einen Stempel mit seiner Unterschrift, um sich die ihm lästige Arbeit des Unterschreibens zu erleichtern. Der historische Zufall wollte es, daß diese siebzehn Liebesbriefe Heinrichs VIII., die nur an Hand äußerer Kriterien mit einiger Wahrscheinlichkeit in die Jahre 1527 und 1528 datiert werden können, ausgerechnet in der Bibliothek des Vatikans die Zeiten überdauert haben. Wie sie dahingekommen sind, entzieht sich unserer Kenntnis; vielleicht sind sie von Gegnern Heinrichs VIII. und Annes schon früh dorthin gesandt worden, in der Hoffnung, mit ihnen der Kurie belastendes Material gegen den König in die Hand zu geben. Belastendes enthalten die Briefe des Königs jedoch nicht, eher Erstaunliches und menschlich Anrührendes: sie vermitteln, wie es Theo Stemmler, der Herausgeber und Übersetzer der Briefe, formuliert, «Betroffenheit über die Liebe eines Mannes, dem man oft genug Gefühle abgesprochen hat und den man allzu einseitig als Wüstling charakterisiert»[87].

Heinrich selbst umschrieb die besondere Bedeutung seiner Liebe zu Anne für ihn und ihre – wie er zuversichtlich hoffte – gemeinsame Zukunft: *Denn wenn Ihr mich nicht anders als in üblicher Weise liebt, ist dieses Wort für Euch nicht angebracht, da es etwas Einmaliges bezeichnet, das weit vom Üblichen entfernt ist. Doch wenn Ihr geruht, den Platz einer wahren, treuen Geliebten und Freundin einzunehmen und Euch mit Leib und Seele dem zu schenken, der Euer treuer Diener war und sein will (sofern Ihr es mir nicht streng verbietet), dann verspreche ich Euch, daß Euch nicht nur diese Bezeichnung zusteht, sondern ich Euch als meine einzige Geliebte nehme, alle anderen, die um Euch sind, aus meinen Gedanken und meiner Zuneigung verbanne und nur Euch dienen werde.*[88] Im Spätsommer 1528 verlieh Heinrich der innigen Vorfreude auf ein baldiges Wiedersehen mit seiner geliebten Anne ebenso beredten Ausdruck: *Mein einziger Liebling, dieser Brief soll Euch von der Einsamkeit künden, in der ich mich seit Eurer Abreise befinde. Denn ich versichere Euch, mir kommt die Zeit seit Eurer kürzlichen Abreise länger vor als früher eine Spanne von zwei Wochen. Ich glaube, Eure Zuneigung und meine Liebesglut sind der Grund dafür. Denn sonst könnte ich es nicht für möglich halten, daß Eure Abwesenheit mich nach so kurzer Zeit derart betrübt. Doch nun, da ich Euch bald besuchen werde, fühle ich mich bereits halb von meinem Schmerz befreit. Auch bin ich recht zufrieden, daß mein Buch wesentliche Fortschritte macht. An ihm habe ich heute mehr als vier Stunden gearbeitet, so daß ich gezwungen bin, Euch dieses Mal einen kürzeren Brief zu schreiben, zumal ich unter leichten Kopfschmerzen leide. Ich wünsche mich (am liebsten eines Abends) in den Armen meines Schatzes, dessen hübsche Brüste ich bald zu küssen hoffe. Von der Hand dessen ge-*

Brief Heinrichs VIII. an Anne Boleyn. Biblioteca Apostolica Vaticana, Rom

*schrieben, der nach seinem eigenen Willen der Eure war, ist und sein wird –
Henry Rex.*[89]

Mit diesem Brief und insbesondere mit der Erwähnung des Buchs, an dem der König schrieb[90], sind wir zeitlich schon ein wenig voraus geeilt; die wenigen zitierten Passagen aus Heinrichs Liebesbriefen zeigen jedoch, daß Heinrichs Gefühle von anderer Art, tiefer, inniger waren, als es den Konventionen der Zeit entsprach. Und auch Anne erwiderte diese Gefühle. Eine alle Vernunft und alle Etikette in Frage stellende leidenschaftliche Liebe verband Heinrich VIII. und Anne Boleyn.[91]

Alle drei möglichen Motive für Heinrichs Entschluß, die Ehe mit Katharina annullieren zu lassen, so wird man zusammenfassen dürfen, sind in sich stimmig und überzeugend. Und alle drei werden ihn in die gleiche Richtung, zur gleichen Entscheidung gedrängt haben. Welches Motiv jedoch das ausschlaggebende war, wissen wir nicht, und – vielleicht wußte dies der König selbst nicht einmal.

Mit dem Entschluß allein, die Annullierung seiner Ehe mit Königin Katharina einzuleiten, war es nicht getan. Mit welchem Argument ließ sich die Ungültigkeit der 1509 geschlossenen Ehe rechtfertigen? Über diese Frage diskutierte der König wohl immer wieder mit Thomas Wolsey; bald[92] stellte sich heraus, daß nur zwei Möglichkeiten in Betracht kamen. Die erste Möglichkeit, für die Wolsey optierte und die er Heinrich mehrfach vorschlug, war verblüffend einfach; sie setzte allerdings auf ein ausgesprochen kasuistisches Argument. Wenn Katharina, was sie im übrigen auch tat, weiter darauf beharren sollte, daß ihre erste Ehe mit Arthur zwar geschlossen, aber nicht vollzogen worden sei, so entfiele juristisch die Schwägerschaft ersten Grades zwischen Heinrich und Katharina, die erteilte päpstliche Dispens vom Ehehindernis der Schwägerschaft wäre damit formal wertlos gewesen. Für die Eheschließung zwischen Heinrich und Katharina wäre statt dessen eine Dispens vom Ehehindernis der öffentlichen Ehrbarkeit erforderlich gewesen, eine solche war jedoch nie erteilt worden, ergo wäre die Ehe zwischen Heinrich und Katharina nach kanonischem Recht von Beginn an ungültig gewesen. Diese Argumentation bot den Vorteil, daß alle Beteiligten, einschließlich des Papstes, ihr Gesicht hätten wahren können, da die frühere Dispens ja nur auf Grund irrtümlicher Angaben erteilt worden war und ihre Gültigkeit nicht prinzipiell in Zweifel gezogen werden brauchte. Juristisch und formal gedacht wäre es nur die falsche Dispens gewesen.

Dieser Weg, die Ehe Heinrichs mit Katharina annullieren zu lassen, gilt einigen modernen Interpreten als echte, als verschenkte historische Möglichkeit des Königs, deren Chancen von vornherein vielversprechender gewesen wären als bei der Variante, für die der König sich dann schließlich entschied. Für J.J. Scarisbrick war es ein entscheidender Fehler Heinrichs VIII., diesem Rat Wolseys nicht zu folgen[93], und noch schärfer urteilt G.R. Elton, Heinrich «habe den einen Vorschlag Wolseys nicht verstanden, der ihm unmittelbaren Erfolg garantiert hätte»[94]. So schwierig es ist, über nicht realisierte historische Alternativen zu urteilen, so darf man in diesem Fall drei Punkte nicht übersehen: Erstens hätte ein solches Vorgehen den juristischen Casus in jedem Fall im Rahmen des geltenden kanonischen Rechts mit dem Papst als höchster Appellationsinstanz belassen; ein für Heinrich positiver Bescheid hätte also vorausgesetzt, daß der Papst das Argument akzeptierte. Zweitens kam der Vorschlag vom falschen Mann, denn der König vertraute Wolsey gerade in seiner Scheidungsaffäre nicht mehr rückhaltlos.[95] Und drittens kam der Vorschlag wohl zu spät, Heinrich hatte sich nämlich bereits für einen anderen Weg entschieden.

Auf diese zweite Möglichkeit war der König offenbar selbst gestoßen. Gottes Worte an Moses verboten, wie Lev. 20,21 scheinbar unzweideutig formulierte, die Ehe mit der Frau des Bruders: «Nimmt jemand das Weib seines Bruders, so ist das abscheulich; er hat seines Bruders Blöße ent-

Stundenbuch Heinrichs VIII. Den unteren Rand auf zwei Blättern nutzten Heinrich und Anne, um Liebesgrüße auszutauschen: «Wenn in Euren Gebeten die Erinnerung an mich meiner Zuneigung entspricht, kann ich kaum vergessen werden, denn ich bin der Eure – Henry Rex für immer.» Unter der Darstellung der Verkündigung Mariä antwortet Anne: «Ihr werdet täglich bestätigt finden, daß ich zu Euch liebevoll und zärtlich bin.»

hüllt; sie werden kinderlos bleiben.» Wenn also die Ehe mit der Frau des Bruders durch göttliches Recht explizit verboten, ja selbst Kinderlosigkeit als göttliche Strafe angedroht war, dann konnte keine Autorität, auch kein Papst von diesem eindeutigen Verbot dispensieren. Auch dies klingt zunächst überzeugend – aber es gab eine zweite alttestamentarische Passage, die in deutlichem Widerspruch zu Lev. 20,21 stand und die bis in alle Details hinein dem konkreten Fall des englischen Königs zu entsprechen schien (Deut. 25,5): «Wohnen Brüder beisammen und stirbt einer von ihnen, ohne einen Sohn zu haben, dann soll sich die Frau des Verstorbenen nicht nach auswärts an einen fremden Mann verheiraten. Ihr Schwager gehe zu ihr ein, nehme sie zur Frau und leiste an ihr die Schwagerpflicht.» Nun konnte man argumentieren, daß diese Passage nur für Juden gelte, wie insbesondere die Verurteilung der Ehe des Herodes mit seines Bruders Weib durch Johannes den Täufer zeigte (Mark. 6,18). Jedenfalls war der christlichen Kirche diese vom mosaischen Gesetz her geforderte Ehe mit der kinderlosen Witwe des Bruders, die sogenannte Leviratsehe, durchaus fremd. Vielmehr galt nach kanonischem Recht «von alters her das Ehehindernis der Schwägerschaft ersten Grades, das impedimentum affinitatis primi generis, auch in solchem Falle»[96]. Konnte solcherart Deut. 25,5 hinwegdisputiert werden, so galt es andererseits zu berücksichtigen, daß die für Heinrichs Argumentation zentralen Bibelstellen Lev. 18,16 und 20,21 in der Vergangenheit immer so ausgelegt worden waren, als seien sie nur auf vollzogene Ehen anzuwenden. Damit wurde es für Heinrich geradezu zur Vorbedingung, wenn er versuchen wollte, auf Grund der beiden Leviticus-Passagen die Ehe mit Katharina annullieren zu lassen, daß die Ehe zwischen Katharina und Arthur tatsächlich als matrimonium consummatum, also als vollzogen zu gelten hatte. Als sich der König einmal für diesen Weg entschieden und behauptet hatte, die Ehe zwischen Katharina und Arthur sei vollzogen worden, gab es keine Umkehr mehr. Die Möglichkeit, die ihm Wolsey vorschlug, hatte ja gerade den Nichtvollzug dieser ersten Ehe Katharinas zur Voraussetzung, und dies konnte Heinrich nicht mehr behaupten, ohne gleichzeitig zuzugeben, daß er gelogen hatte.

Diese zweite Möglichkeit, für die sich Heinrich entschieden hatte, verlangte viel vom Papst, das zumindest implizite Eingeständnis, daß einer seiner Vorgänger seine Kompetenzen überschritten hatte. Andererseits eröffneten sich mit dem auf Lev. 18,16 und 20,21 gründenden Argument noch sehr viel weiter reichende Möglichkeiten, wobei es fraglich ist, ob Heinrich VIII. diese zu Beginn seiner Überlegungen bereits bewußt einkalkuliert hat. Wenn nämlich die Ehe mit der Witwe des Bruders durch göttliches Recht untersagt war und dementsprechend kein Papst davon dispensieren konnte, so würde dies auch unabhängig vom Urteil des jetzigen Papstes gelten. Mit dem Leviticus-Argument hatte sich Heinrich – ob kalkuliert oder zunächst unbewußt – für die Möglichkeit entschieden, die es ihm erlaubte, sich mit der Autorität des göttlichen Wortes gegen die Kirche und den Papst zu stellen und die Annullierung schließlich auch unabhängig von der römischen Kurie durchzusetzen.

Was immer Thomas Wolsey über Heinrichs Ansinnen, die Ehe mit Katharina annullieren zu lassen, dachte, er tat jedenfalls alles, Heinrichs Sache zu dienen. Im Frühjahr 1527 suchte er eifrig nach Beweisen; er schickte Beamte nach Winchester, um den fast achtzigjährigen Bischof Fox über die Ereignisse der Jahre 1501 und 1505 zu befragen. Wolsey wollte wissen, ob die Ehe von Arthur und Katharina vollzogen worden sei und ob man auf Grund des zu Protokoll gegebenen Einspruchs eventuell behaupten könnte, Heinrich sei gegen seinen Willen von seinem Vater zu dem Versprechen genötigt worden, Katharina zu ehelichen.[97] Gleichzeitig trieben

Heinrich und Wolsey ihren eigentlichen Plan in aller Stille voran: der König wollte nämlich die Ehe mit Katharina annullieren lassen, ohne ihr die Möglichkeit zur Verteidigung einzuräumen. Kraft seiner Autorität als päpstlicher Legat sollte Wolsey Heinrich vor ein kirchliches Gericht laden, das nur aus Wolsey und William Warham, also den beiden englischen Erzbischöfen, bestand, und den König beschuldigen, gesetzwidrig mit der Witwe seines Bruders verkehrt zu haben, da er nicht rechtmäßig mit ihr verheiratet gewesen sei. Nach einem Schuldbekenntnis des Königs sollte das Gericht die Trennung von Katharina verfügen und die Ehe für ungültig erklären. Als die so geplante Geheimverhandlung am 17. Mai 1527 in Wolseys Stadtpalast York Place eröffnet wurde, waren nur acht Personen anwesend; nach insgesamt drei weiteren Sitzungen vertagte sich das Gericht jedoch ergebnislos und trat nie wieder zusammen. Vielleicht hatten Heinrich oder Wolsey eingesehen, daß eine geheime Verhandlung unmöglich war, vielleicht hatte sich auch William Warham gegen den ursprünglichen Plan gesperrt; genaues wissen wir nicht.

Als nächster Schritt, immer noch in aller Heimlichkeit, wurden die Bischöfe des Reiches um ihre Stellungnahme gebeten, und die meisten antworteten so, wie Heinrich und Wolsey es erwartet hatten: die Ehe eines Mannes mit der Witwe seines Bruders verstoße nach Leviticus gegen das

Hever Castle, die Residenz der Familie Boleyn in Kent

Gebot Gottes. John Fisher allerdings, der Bischof von Rochester, führte aus, die päpstliche Dispens von 1503 sei gültig, da dem Papst von Christus die Macht verliehen worden sei, den Widerspruch zwischen dem Buch Leviticus und dem Buch Deuteronomion auszuräumen. Mit seiner Dispens habe Julius II. implizit entschieden, daß in diesem konkreten Fall Deuteronomion maßgebend sei; die Ehe zwischen Heinrich und Katharina könne durch kein Argument für ungültig erklärt werden.[98]

Obwohl sich der König und Wolsey Mühe gegeben hatten, ihre Aktionen geheimzuhalten, hatte Katharina – vielleicht von Bischof Fisher – erfahren, daß Heinrich sich von ihr trennen wollte. Mit Tränen in den Augen trat sie ihrem Ehemann gegenüber und entgegnete auf seine Erklärung, er sei leider zu dem Schluß gelangt, daß ihre Ehe ungültig sei, sie werde sich einer Scheidung mit allen Mitteln widersetzen. Außerdem versicherte Katharina, wie sie es bereits mehrfach in der Vergangenheit getan hatte, daß ihre Ehe mit Arthur nie vollzogen worden sei. Der erste Versuch, die Ehe sozusagen unbemerkt von Katharina und der Öffentlichkeit annullieren zu lassen, war damit gescheitert.

Wolsey, der geschickte Taktiker, riet zur Vorsicht, besprach sich mit Norfolk, Suffolk und Heinrichs Kaplan Richard Sampson, und schlug vor, nichts weiter zu unternehmen, bis man den Papst und Franz I. zu Rate gezogen habe. Während Wolsey nach Amiens aufbrach, unternahm Heinrich selbst etwas, ohne Wolsey zu Rate zu ziehen: der König sandte seinen Sekretär Dr. Knight nach Rom, mit der Bitte um eine bedingte Dispens, die es ihm erlauben sollte, im Fall der Annullierung der Ehe mit Katharina die Schwester seiner früheren Geliebten, also Anne Boleyn, zu heiraten. Ohne eine solche Dispens würden nämlich die früheren geschlechtlichen Beziehungen zu Mary Boleyn einer Heirat mit Anne Boleyn das Ehehindernis der Schwägerschaft ersten Grades in den Weg legen.

Die gesamtpolitische Situation, dies muß man – im Gegensatz zur Mehrheit der modernen Interpreten[99] – deutlich herausstellen, war für die Wünsche des englischen Königs nicht einmal schlecht. Papst Clemens VII. war seit der Eroberung und Plünderung Roms durch die kaiserlichen Truppen im Mai 1527 zwar quasi ein Gefangener des Kaisers; aber nachdem ihm im Herbst 1527 die Flucht nach Orvieto gelungen war, befand er sich nicht mehr direkt in der Gewalt Karls V., des Neffen von Katharina. Dafür hegte er Karl V. gegenüber sicherlich nicht die freundschaftlichsten Gefühle, und er war auf jedwede Unterstützung, auf einflußreiche Bundesgenossen geradezu angewiesen. Mit einem Wort, Clemens VII. befand sich in einer so schlechten Position, daß er es sich gar nicht leisten konnte, den englischen König, den ‹Defensor Fidei›, zu brüskieren. Andererseits konnte er es sich auch nicht erlauben, Karl V. über Gebühr zu reizen. Die Eroberung Roms im Mai 1527 hatte ihm nachdrücklich vor Augen geführt, welche Greueltaten der kaiserlichen Trup-

Papst Clemens VII.
Ölskizze von
Sebastiano del Piombo

pen zu befürchten waren, wenn sie den Befehl erhielten, erneut gegen Rom zu marschieren.

Es ist müßig, die vielen Gesandtschaften Heinrichs und Wolseys, die demütigen Briefe Wolseys an den Papst und die immer wieder ausweichenden Antworten Clemens' VII. hier zu behandeln; festzuhalten bleibt, daß die Engländer die schlechte Position des Papstes weidlich auszunutzen versuchten.[100] Am Neujahrstag 1528 versprach Clemens VII. dem englischen König eine Dispens für die Heirat mit der Schwester seiner früheren Geliebten, wenn Heinrichs Ehe mit Katharina für ungültig erklärt worden sei, und im Juli 1528 konnte er sich den Forderungen der englischen Gesandten nicht länger verweigern: der Papst erteilte Thomas Wolsey die Dekretal-Vollmacht, die es diesem erlaubte, zusammen mit Kardinal Campeggio, dem Bischof von Salisbury, in Heinrichs Annullierungsprozeß als Richter zu agieren. Ein Ende der leidigen Angelegenheit war damit in Sicht. Kardinal Campeggio jedoch, ein nicht mehr junger und gichtkranker Mann, reiste im Schneckentempo nach England, wo er von Anne und Heinrich ungeduldig erwartet wurde. Ende September 1528 schrieb Heinrich an Anne: *Der Legat, den wir sehnsüchtig erwarten, ist am letzten Sonntag oder Montag in Paris eingetroffen, so daß ich zuversichtlich bin, bis zum kommenden Montag von seiner Ankunft in Calais zu hören. Und dann wird es sicherlich nicht mehr lange dauern, bis ich – mit Gottes Willen und zu unserer beider Freude – das genießen kann, was ich so lange ersehnt habe.*[101] Heinrichs und Annes Hoffnungen wurden jedoch enttäuscht. Noch in Paris hatte Campeggio ein neues Schreiben des Papstes erhalten, das ihn aufforderte, alles in seiner Macht Stehende zu tun, um Heinrich und Katharina wieder miteinander zu versöhnen. Auf keinen Fall jedoch dürfe er ohne neue und ausdrückliche Anweisung aus Rom ein Urteil in dem Annullierungsprozeß fällen.

Nachdem er am 29. September in Dover gelandet und auf Grund eines neuerlichen Gichtanfalls in einer Sänfte gezwungenermaßen langsam nach London gereist war, versuchte Campeggio alles, um den Prozeß und ein Urteil hinauszuzögern. Zuerst suchte er Katharina zu überreden, in ein Kloster einzutreten; als sie sich verständlicherweise weigerte, bemühte sich Campeggio mit aller Energie, Heinrich von seinen Annullierungswünschen abzubringen. Er entwickelte sogar den abenteuerlichen Vorschlag, der Papst solle eine Dispens gewähren, damit Heinrichs Tochter Maria ihren unehelichen Halbbruder, den Herzog von Richmond, heiraten könne: Richmond sollte für ehelich erklärt werden und nach Heinrichs Tod gemeinsam mit Maria die Herrschaft übernehmen. Im Frühjahr 1529 half alles Taktieren nichts mehr. Gut zwei Jahre nachdem Heinrichs Annullierungsverfahren eingeleitet worden war, eröffneten Wolsey und Campeggio am 31. Mai im Blackfriars Konvent die Verhandlung.

Vier Tage nach dem zweiten Verhandlungstag, dem 18. Juni 1529, schrieb der französische Botschafter Du Bellay an seinen König und berichtete ihm alle Einzelheiten, die er hatte in Erfahrung bringen können: «Am letzten Freitag wurde der Fall des Königs vor die Richter gebracht... Die Königin erschien persönlich und der Dekan der Kirche für den König. Die Königin lehnte die Richter ab. Der König verlangte von ihnen, die Gültigkeit oder Ungültigkeit seiner Ehe zu bestimmen, worüber er von Anfang an voll ständiger Skrupel gewesen sei. Die Königin sagte, daß jetzt nicht die Zeit sei, dies nach so langem Schweigen zu sagen. Er begründete das mit der großen Liebe, die er für sie empfunden habe und noch empfinde. Er selber wünschte mehr als alles andere, daß die Ehe als gültig erklärt würde, und wandte gegen die Richter ein, daß das Ersuchen der Königin, den Fall nach Rom zu überweisen, unbillig sei, da man des Kaisers Macht dort bedenken müsse; dieses Land jedoch sei völlig sicher für sie, und sie habe die Möglichkeit, Prälaten und Rechtsgelehrte zu wählen. Schließlich fiel sie vor dem König auf die Knie und bat ihn, auf ihre Ehre, auf die ihrer Tochter und auf seine eigene Ehre Rücksicht zu nehmen; er sollte nicht verärgert sein, daß sie ihre Ehre verteidige... Sie habe ständig Rom angerufen, wo vernünftigerweise über den Fall verhandelt werden sollte, da der gegenwärtige Ort dem Verdacht der Parteilichkeit ausgesetzt sei und da der Fall bereits in Rom liege. Die Richter bestimmten, daß sie sich wieder am Freitag treffen sollten. Ich glaube, die Königin wird sich nicht daran halten.»[102]

Mit seiner Prognose, daß Katharina nicht mehr vor diesem – von ihr nicht anerkannten – Gericht erscheinen würde, sollte Du Bellay recht behalten. Der Prozeß ging jedoch auch ohne sie weiter; Dutzende von Zeugen wurden vernommen, die aussagen sollten, ob Katharinas Ehe mit Arthur vor 28 Jahren vollzogen worden war. Greise Lords, ehemalige Hofdamen, Edelleute und Diener berichteten, was sie in der Hochzeitsnacht gesehen und gehört hatten, wie blaß und erschöpft der Prinz von Wales am nächsten Morgen gewesen sei, wie hastig er getrunken habe und daß er seinen königlichen Kammerherren erklärt habe, er sei in der Nacht ‹in Spanien› gewesen. Während sich mit der Registrierung solcher Zeugnisse der Prozeß in die Länge zog, sorgte sich Wolsey, Clemens VII. könnte Katharinas Bitte entsprechen und den Annullierungsprozeß nach Rom überweisen. Inständig bat er einen seiner Agenten in Rom, Sir Gregory di Casale, die Übertragung des Rechtsstreits nach Rom auf jeden Fall zu verhindern: «Versichert seiner Heiligkeit mit größtem Nachdruck, wenn er besagter Überweisung auf Antrag eines Fürsten zustimme, werde er nicht nur die Freundschaft des Königs und die Ehrerbietung dieses Reiches für den Heiligen Stuhl verlieren, sondern auch mich für immer vernichten.»[103]

Wenige Wochen später war die von Wolsey befürchtete Katastrophe Wirklichkeit. Am 6. Juli setzte der Papst Casale davon in Kenntnis, daß er Heinrichs Annullierungsprozeß nach Rom überweisen werde, am 22. Juli, gegen acht Uhr abends, erreichte diese Nachricht Campeggio und Wolsey in London. Damit war klar, die nächste Sitzung des Gerichts, anberaumt für den darauffolgenden Morgen, würde keine Entscheidung zulassen; Campeggio hatte ohnehin die Dekretal-Vollmacht weisungsgemäß längst verbrannt. Am nächsten Morgen – der Gerichtssaal war überfüllt, da man gerüchteweise gehört hatte, das Urteil würde verkündet – eröffnete Campeggio die Verhandlung und erklärte, angesichts der zahlreichen Dokumente, die noch zu prüfen seien, müsse die Verhandlung bis Oktober vertagt werden. Betretenes Schweigen erfüllte den Saal, dann schlug der Herzog von Suffolk wütend mit der Faust auf den Tisch und brüllte: «In England ging es noch nie fröhlich zu, wenn Kardinäle in unserer Mitte waren.»[104] Heinrich VIII. erhob sich, verließ den Saal und begab sich in seinen Palast nach Bridewell. So entging dem König, daß Suffolk seine Worte lauter und in noch drohenderem Ton wiederholte. Aber – dieser Wutausbruch Suffolks war sicherlich zuvor mit dem König abgesprochen, und allen Anwesenden war klar, was Suffolks Worte bedeuteten: wie ein Lauffeuer verbreitete sich in London, in England und Europa die Nachricht, daß Wolsey entmachtet worden sei.

Angekündigt hatte sich der Sturz des mächtigen Kardinals seit langem. Häufiger als jemals zuvor waren der König und er in den letzten beiden Jahren aneinandergeraten, und sein ‹Versagen› in der vom König so herbeigesehnten Scheidung hatte ihn der einzig wirklich bedeutsamen Stütze seiner Macht beraubt, der Gunst des Königs. Hinzu kam, daß Anne Boleyn als Gegnerin Wolseys ihren Einfluß auf den König immer mehr in die Waagschale zu werfen begann: persönliche Differenzen wie auch ihr Wissen, daß der Kardinal aus politischen Gründen nach einer eventuellen Trennung von Katharina eine Heirat Heinrichs mit einer französischen Prinzessin favorisierte, machten Anne zur erbitterten Gegnerin des Kardinals. Darüber hinaus hatten die übrigen Gegner Wolseys, insbesondere die mächtige Adelsfraktion im Staatsrat unter den Herzögen von Norfolk und Suffolk mit Anne Boleyn, einer Nichte Norfolks, jemanden gefunden, dem der König jederzeit Gehör schenken würde. Mit einem Wort, aus persönlichen Gründen wie auch als Werkzeug der einflußreichen Gegner Wolseys wurde Anne Boleyn zur Wegbereiterin eines Adelsputsches, der Thomas Wolsey um Macht, Reichtum und Leben bringen sollte.[105]

Erstes Anzeichen einer tiefgreifenden Entfremdung zwischen Wolsey und dem König verriet bereits die Affäre um die Nachfolge der Äbtissin von Wilton im Sommer 1528. Obwohl die Wahlen einer Äbtissin eigentlich frei waren, gehörte es dennoch zu den Gepflogenheiten, daß einflußreiche Gönner den Nonnen ihre Wunschkandidatin nannten. Insbesondere Wolsey hatte sich dies seit vielen Jahren zur Gewohnheit gemacht. Er schickte dementsprechend seinen Beauftragten nach Wilton, um den Nonnen nahezulegen, ihre Priorin Lady Isabel Jordan zur neuen Äbtissin zu wählen. Eine der Nonnen im Kloster war jedoch Lady Eleanor Carey, die Schwester des Schwagers Anne Boleyns, der seine Schwägerin gebeten hatte, sich dafür zu verwenden, daß Eleanor zur Äbtissin von Wilton gewählt werde. Anne wandte sich an Heinrich, und dieser schrieb an Wolsey und bat ihn, dieser Bitte zu entsprechen. Der Kardinal war jedoch dazu nicht ohne weiteres bereit; er leitete statt dessen eine sorgfältige Untersuchung ein, über deren unrühmliches Ergebnis wiederum Heinrich eigenhändig Anne unterrichtete: *Was die Angelegenheit Wilton betrifft, hat der Kardinal die Nonnen zu sich kommen lassen und befragt – in Anwesenheit von Master Bell. Dieser berichtete mir in der Tat, daß die von uns als Äbtissin Ausersehene gestanden hat, zwei Kinder von zwei verschiedenen Priestern empfangen zu haben und weiterhin vor nicht allzu langer Zeit die Geliebte eines Bediensteten des verstorbenen Lord Broke gewesen zu sein. Daher möchte ich um kein Gold der Welt Euer oder mein Gewissen dadurch belasten, daß ich eine Frau von solch schändlichem Lebenswandel an die Spitze eines Klosters stelle. Ich glaube auch nicht, daß*

Das große Siegel von England, Heinrichs VIII. «erstes Siegel».
Im Gebrauch von 1509 bis 1534. British Library, London

Ihr es gutheißen würdet, wenn ich – sei's für Bruder oder Schwester – meine Ehre oder mein Gewissen derart beflecken sollte. Was die Priorin oder Dame Eleanors älteste Schwester angeht, habe ich entschieden, daß keine von beiden das Amt haben soll – auch wenn nichts Nachweisbares gegen sie vorliegt und im übrigen die Priorin so alt ist, daß sie um viele Jahre über das hinaus ist, dessen man sie beschuldigt. Statt dessen – dies tue ich Euch zu Gefallen – soll eine andere, gute und unbescholtene Frau Äbtissin werden. Dadurch wird das Kloster um so leichter erneuert werden (was es dringend nötig hat) und Gott besser dienen können.[106] Obwohl der König Wolsey genauso unmißverständlich seine Entscheidung mitgeteilt hatte, ließ der Kardinal dennoch – mit massivem Druck auf die Nonnen – seine Kandidatin, die Priorin Isabel Jordan, zur Äbtissin wählen, und redete sich Heinrich gegenüber damit heraus, er habe nicht gewußt, daß Heinrich Einwände gegen die Ernennung Isabel Jordans habe.

Als Reaktion darauf schrieb Heinrich am 14. Juli einen langen, persönlichen Brief an Wolsey, in dem er sein Mißfallen ob der Eigenmächtigkeiten deutlich zum Ausdruck brachte. Damit nicht genug, der König scheute sich nicht, auf eine weitere leidige Angelegenheit zu sprechen zu kommen: wiederholt sei ihm zu Ohren gekommen, daß Wolsey widerrechtlich Gelder von den Ordenshäusern erpresse. Er könne selbst auch nicht recht glauben, daß die Klöster Wolsey aus freien Stücken Geld für sein College in Ipswich zur Verfügung stellten, nachdem sie sich so abweisend gezeigt hätten, als man sie bat, die Freundschaftshilfe für den Krieg gegen Frankreich zu leisten. Obwohl der Brief mit einer höflichen, formellen Freundschaftsbezeigung Heinrichs schloß, wußte Wolsey, was die Stunde geschlagen hatte, und er antwortete voller Reue und Demut[107], was Heinrich schnell besänftigte.

Nachdem jedoch der Annullierungsprozeß nach Rom überwiesen war – das offizielle päpstliche Dekret traf während der traditionellen Sommerreise des Hofes in England ein –, vermochte nichts mehr, den König zu besänftigen, er lieh vielmehr den Gegnern Wolseys bereitwillig sein Ohr. Während Wolsey am 9. Oktober, dem ersten Tag der herbstlichen Gerichtsperiode, als Lordkanzler im Kanzleigericht in Westminster Hall zu Gericht saß, erhob vor dem Oberhofgericht des Königs der Erste Kronanwalt Anklage gegen Wolsey und beschuldigte ihn des Verstoßes gegen die Praemunire-Gesetze: als päpstlicher Legat habe Wolsey seine Macht in Heinrichs Reich ausgeübt und damit die königliche Autorität untergraben. Die Anklage beruhte auf zum Teil jahrhundertealten, die Macht der Kirche beschneidenden Statuten, die allerdings noch nie benutzt worden waren, einen päpstlichen Legaten zu belangen, der seine Macht mit Zustimmung der Krone ausgeübt hatte. Der Angeklagte mußte mit Haft auf unbestimmte Zeit, eventuell lebenslänglich, und mit Güterkonfiskation rechnen.

Den Sturz Wolseys im Detail zu beschreiben, würde ein eigenes Buch füllen; in gedrängter Kürze daher nur einige markante Stationen.[108] Thomas Wolsey bekannte sich schuldig, wurde zu einer lebenslänglichen Gefängnisstrafe verurteilt und mußte dem König seinen gesamten Besitz überschreiben. Der König – im Unterschied zu dem Großteil seines Staatsrates – wollte Wolsey zwar entmachten, aber wohl zunächst nicht vernichten: Heinrich bestand nicht darauf, daß der Kardinal ins Gefängnis kam, milderte das Urteil und sandte ihm sogar einen Ring als Zeichen des königlichen Schutzes (18. November 1529). Am 1. Dezember überreichten die alten Wolsey-Gegner, Norfolk, Suffolk und die übrigen Mitglieder des Oberhauses, eine von allen (einschließlich des neuen Lordkanzlers, Sir Thomas More) unterschriebene Petition, in der sie den König aufforderten, Wolsey für insgesamt 44 Vergehen zu belangen. Diese Liste von Anklagepunkten enthielt nicht nur politische und persönliche Vergehen, sondern auch absurde Vorwürfe – so habe beispielsweise der Kardinal Heinrich absichtlich angehaucht, um auch den König mit der

Syphilis zu infizieren. Nachdem Wolsey im Dezember eine schwere Krankheit überstanden hatte, durfte er von Esher nach Richmond umziehen. Nach Wochen des Bangens und Hoffens befahl ihm im März 1530 der König, sich in seine Diözese York zu begeben, die er in den sechzehn Jahren, in denen er ihr Erzbischof war, nicht ein einziges Mal mit seiner persönlichen Anwesenheit beehrt hatte. Am 4. November, drei Tage vor der geplanten festlichen Inthronisation in York, wurde Wolsey, mittlerweile wiederum schwer erkrankt, dann doch festgenommen, diesmal wegen Hochverrats. Auf dem Weg zurück nach London, wo ihn ein Verlies im Tower und der Tod erwarteten, starb Wolsey am 29. November 1530.

Auf dem Totenbett soll er – wie George Cavendish berichtet – Zeugnis für seine Königstreue abgelegt haben: «Hätte ich Gott so fleißig gedient, wie ich dem König gedient habe, so hätte er mich nicht jetzt als grauhaarigen alten Mann fallenlassen.»[109] Am 4. Dezember 1530 schrieb Eustace Chapuys, der Botschafter Karls V., an seinen Kaiser und berichtete ihm die Neuigkeiten: «Der Kardinal von York starb am Sankt-Andreas-Tag an einer Stelle, wo König Richard [d. i. Richard III.] getötet wurde. Beide sind in derselben Kirche begraben, welche die Leute ‹Grabstätte der Tyrannen› nennen. Zunächst weigerte der Kardinal sich, Nahrung zu nehmen; später nahm er etwas, das sein Ende beschleunigte. Am Montag kam der Wachoffizier, um ihn hierher zu bringen. Kurz danach erkrankte er, quälte sich bis Mittwoch und bereitete sich dann wie ein guter Christ auf sein Ende vor. Als er das Sakrament erhielt, beteuerte er, er habe niemals auch nur das geringste zum Schaden des Herrschers unternommen.»[110]

Mit der Entmachtung des Kardinals im Herbst 1529 war eine Epoche der Regierung Heinrichs VIII. zu Ende gegangen, die Zeit der partnerschaftlichen Zusammenarbeit zwischen König und ‹erstem Minister›. In Sir Thomas More, einem untadeligen Juristen und darüber hinaus einem humanistischen Gelehrten internationalen Ranges, war zwar nach einigen erregten Sitzungen des Staatsrates ein Nachfolger als Lordkanzler gefunden worden, der vor allem das verwaltungstechnische und juristische Reformwerk Wolseys tatkräftig fortsetzte[111] – aber das Machtvakuum, das sich durch Wolseys Sturz plötzlich auftat, sollte nicht so schnell geschlossen werden können.

Thomas Cromwell und die Trennung von Rom

Obwohl Sir Thomas More für das Amt des Lordkanzlers ein Kompromißkandidat war – gegen Tunstall sprach die Entschlossenheit des Königs, keinen Kleriker mit diesem Amt zu betrauen, und gegen die Ernennung des Herzogs von Suffolk hatte sich der Herzog von Norfolk stark ge-

Thomas More. Zeichnung von Hans Holbein d. J., 1527.
Windsor Castle, Royal Library

macht[112] –, war er aus vielen Gründen eine politisch kluge Wahl. Seit mehr als einem Jahrzehnt hatte er sich als treuer Diener seines Königs immer wieder bewährt; noch vor kurzem hatte er England bei den Friedensverhandlungen von Cambrai vertreten, die mit dem sogenannten Damenfrieden (5. August 1529) die kriegerischen Auseinandersetzungen zwischen Franz I. und Karl V. zunächst einmal beendeten. More galt als praxiserfahrener, unparteiischer Jurist. Darüber hinaus erfreute er sich als Humanist, als Verfasser der «Utopia» sowie geistvoller Epigramme und als kundiger, einfühlsamer Übersetzer Lukians internationaler Anerkennung. Mehr noch, er hatte mit seiner – allerdings unter Pseudonymen erschienenen – «Responsio ad Lutherum» (Antwort an Luther) Heinrich VIII. und dessen Schrift *Assertio septem Sacramentorum* gegen Martin Luthers unflätige Angriffe in Schutz genommen, indem er den deutschen Reformator – wie dieser zuvor den englischen König – mit einer Vielzahl zum Teil seltener und höchst eigenwilliger Schimpfkanonaden eindeckte. Eine weitere umfangreiche und gelehrte Schrift gegen die Häresien der Lutheraner aus der Feder Mores war gerade erschienen, der «Dialogue Concerning Heresies».[113]

Einen solchen Mann zum Lordkanzler zu bestellen, konnte für Heinrich nur von Vorteil sein: zum einen wirkte More nach außen geradezu als Symbol der Orthodoxie Heinrichs und zum anderen begrüßten sowohl die Antiklerikalen als auch die eher reformatorisch Orientierten die Ernennung eines Laien für dieses wichtige Amt. More hatte, in den Augen Heinrichs, nur einen Fehler: er war ein Gegner des Scheidungswunschs des Königs und ließ sich auch durch Argumente nicht umstimmen.[114] Damit war von Anfang an klar, daß die für Heinrich entscheidende Frage der nächsten Jahre, die Annullierung seiner Ehe, weitgehend unabhängig vom Amt des Lordkanzlers vorangetrieben werden mußte, eine erneute Bestätigung des Primats der Personen gegenüber den Institutionen im Regierungssystem der Tudor-Zeit.

Die Jahre 1529 bis 1533 gehören sicherlich zu den historisch interessantesten Jahren der gesamten englischen Geschichte, und dies nicht nur, weil die Folgen der in diesen Jahren getroffenen Entscheidungen noch heute spürbar sind. Allein – die Ereignisse dieser Jahre auch nur annähernd vollständig nachzuerzählen, würde mehrere stattliche Bücher füllen. Beschränken wir uns daher im folgenden auf wenige markante Punkte. Zunächst einmal gilt es festzuhalten, daß der Kampf Heinrichs VIII. um die Annullierung seiner Ehe die zentrale Frage der Politik dieser Jahre war. Verknüpft damit[115] stellten sich bald ebenso die Fragen nationaler Immunität und der Grenzen geistlicher und staatlicher Macht. Und diese Fragen wurden in den verschiedensten Gremien, von der Kanzel und in einer Vielzahl von Büchern, den beiden ‹Massenmedien› des 16. Jahrhunderts, immer und immer wieder diskutiert, analysiert und unterschiedlich beantwortet. Die einzigen Antworten, die letztlich jedoch zählten, waren diejenigen des Königs selbst; er besaß die Macht, und er fand in Thomas Cromwell den geeigneten Helfer, die königlichen Vorgaben mit Hilfe des traditionell antiklerikalen Parlaments in die Tat umzusetzen. Aber bis dahin war es im Herbst 1529 noch ein weiter, steiniger Weg.

Am 3. November 1529 hielt der Lordkanzler Thomas More im Namen des Königs die Eröffnungsrede des neu zusammengetretenen Parlaments und rechnete in scharfen Worten mit dem entmachteten Kardinal Wolsey ab: «Und wie ihr seht, daß es unter einer großen Schafherde einige gibt, die verderbt und krank sind und die der gute Hirte von den guten Schafen trennt, so ist der Große, der kürzlich gefallen ist, wie ihr alle wißt, so verschlagen, so schäbig, ja, wahrlich, so treulos mit dem König umgesprungen, daß jedermann vermuten und denken mußte, er habe geglaubt, der König besitze nicht Verstand genug, um sein hinterlistiges Tun zu bemerken, oder er habe angenommen, der König werde seine betrügerischen Kunststücke und Versuche nicht durchschauen und erkennen. Aber er hat sich getäuscht, denn der Blick Seiner Gnaden war so scharf und durchdringend, daß er ihn sah – durch ihn sah, innen und außen –, so daß alles offen vor ihm lag. Und wenn man bedenkt, was er verdient hat, so hat er eine milde Strafe erhalten. Der König will aber nicht, daß diese geringe Strafe anderen Beleidigern ein Anreiz sei, sondern er erklärt eindeutig, daß jeder, der fürderhin einen ähnlichen Versuch macht, ein ähnliches Vergehen zu verüben, nicht mit der gleichen Strafe davonkommen wird.»[116] Diese deutlichen Worte konnten jedoch nicht darüber hinwegtäuschen, daß die große Allianz der Wolsey-Gegner den Sturz des mächtigen Lordkanzlers nur um wenige Wochen überlebt hatte. Erst die Milderung der Strafe Wolseys durch den König am 18. November 1529 vereinte wiederum die alten Gegner, insbesondere die Herzöge von Suffolk und Norfolk, und führte letztlich zu der großen Petition mit den 44 Anklagepunkten gegen Wolsey (1. Dezember 1529).

Langsam begann sich Ende des Jahres 1529 aus dem in mehrere Gruppierungen gespaltenen Staatsrat ein innerer Kreis herauszubilden, den der König immer wieder für seine große Sache zu Rate zog, ein Prozeß, der im Sommer 1530 einen vorläufigen Abschluß erreichte: zu diesem inneren Beraterkreis gehörten in erster Linie der Herzog von Norfolk, der Graf von Wiltshire, Stephen Gardiner, William Lord Sandes, Robert Ratcliffe, Graf von Sussex, und einige andere.[117] Aber nicht nur in diesem Kreis wurde die Scheidung des Königs vorangetrieben; am 12. Juni 1530 unterzeichnete ein großer Teil des Great Council, der Versammlung des englischen Adels, einen Brief an Papst Clemens VII., in dem er die Scheidung Heinrichs als im Interesse der englischen Nation unabdingbar notwendig bezeichnete. Um ein großes Unglück für England zu verhindern, könnte man sich sonst gezwungen sehen, unabhängig vom Papst eigene Schritte zu unternehmen.[118]

Zeitgleich mit diesen Aktivitäten konsultierten die Agenten Heinrichs VIII., dem Rat des jungen Cambridger Theologen Thomas Cranmer folgend, die Universitäten und baten sie um ein theologisches Gutachten über die Rechtmäßigkeit der Ehe des Königs. In Cambridge bekamen sie nach langem Taktieren die gewünschte Antwort: die Vertreter der Universität erklärten, die Heirat eines Mannes mit der Witwe seines Bruders verstoße gegen göttliches Gebot und könne auch nicht durch eine päpstliche Dispens für gültig erklärt werden. In Oxford votierte man im April 1530 ebenfalls für den König, allerdings war das Abstimmungsergebnis mit 27 zu 22 Stimmen sehr knapp ausgefallen. Danach wandte sich der englische König um Hilfe und Unterstützung an Franz I., der durch das Angebot Heinrichs, ihm gegen Karl V. beizustehen, schnell gewonnen war. Eine Trennung Heinrichs von Katharina, so durfte Franz I. zu Recht annehmen, würde das Verhältnis Englands zu Karl, dem Neffen Katharinas, so nachhaltig und auf Dauer beeinträchtigen, daß er sich der Freundschaft und Unterstützung Heinrichs gegen Karl sicher sein konnte. Mit politischem Druck auf die französischen Universitäten sorgte Franz I. für – im Sinne Heinrichs – positive Stellungnahmen der Universitäten von Paris, Orléans, Angers, Bourges und Toulouse. Karl V. wiederum bewegte die Universitäten von Alcalá und Salamanca dazu, die Ehe Heinrichs uneingeschränkt für gültig zu erklären. Die altehrwürdigen Universitäten in Italien waren dem politischen Druck nicht so ausgesetzt wie die englischen, spanischen und französischen; sie konnten dafür bestochen werden. Thomas Cranmer und die übrigen Gesandten Heinrichs bestachen die Universitäten von Padua, Ferrara, Pavia und Bologna und erhielten die gewünschten Stellungnahmen.[119] Die königlichen Gesandten besuchten jedoch nicht nur die juristischen und theologischen Fakultäten mit dem Ziel, positive Gutachten für den Annullierungsprozeß des Königs zu erhalten, sie durchsuchten zugleich mit großem Eifer Bibliotheken und Buchhandlungen: sie sichteten und trugen alles zusammen, was der Sache des Königs nützen könnte. Bibeln, Manuskripte, Werke der Kirchenväter, scholastische Kommentare, Konzilsakten, Dekrete, kurz alles, was an seltenen lateinischen, griechischen oder hebräischen Schriften auffindbar war, schickten sie nach England.[120]

Im eigentlichen, nach Rom überwiesenen Annullierungsprozeß geschah über viele Monate nichts. Mit Verfahrensfragen und taktischen Finessen gelang es Heinrichs Gesandten, den Prozeßbeginn hinauszuzögern. Und auch im englischen Parlament tat sich zunächst nicht viel, sieht man einmal davon ab, daß sich die antiklerikale Stimmung des Unterhauses in einer Petition gegen die Mißstände innerhalb der Kirche und des Klerus entlud. Nachdem einige der Vorwürfe im Ton gemildert worden waren, erlangten sie im Frühjahr 1530 als ‹bills› Gesetzeskraft. Bedeutsam waren sie, weil darin zum erstenmal festgeschrieben wurde, daß Kleriker, die sich eines Verstoßes gegen die Residenzpflicht oder durch Ämterhäufung schuldig gemacht hatten, sich dafür vor einem weltlichen Gericht zu verantworten hatten.[121]

Während der ersten Sitzungsperiode des Parlaments bereits erweckte ein Mann das Interesse des Königs, der ihm in den nächsten Jahren ein unentbehrlicher Helfer sein sollte: Thomas Cromwell. Er war ein Mann niederer Herkunft, Sohn eines Schafsscherers aus Putney; etwa 45 Jahre alt, hatte er schon ein bewegtes Leben hinter sich. In seiner Jugend hatte er einige Zeit in Italien verbracht und dort – wie später auch in den Niederlanden – Erfahrungen im Bankgeschäft und Rechtswesen erworben.

Thomas Cromwell,
Graf von Essex.
Anonymes Gemälde nach
Hans Holbein d. J.
National Portrait Gallery,
London

Er war ein geborener Organisator und glänzender Stratege, der diese Fähigkeiten im Dienste Wolseys weiter vervollkommnet und insbesondere bei der Auflösung der 22 Klöster unter Beweis gestellt hatte. Cromwell war genau der Mann, wie ihn Heinrich VIII. brauchte, ein praktischer, strategisch versierter Kopf, der das Parlament zu lenken verstand – aber Cromwell war kein Mann nach Heinrichs Herzen. Viele Zeugnisse sprechen dafür, daß Heinrich für Thomas Wolsey freundschaftliche Gefühle hegte, und auch Thomas More und Thomas Cranmer war der König in Freundschaft zugetan; daß er Cromwell gegenüber Freundschaft oder auch nur Sympathie empfand, muß dagegen stark bezweifelt werden. Thomas Cromwell war für den König zunächst und in erster Linie ein brillantes Werkzeug, das die gemeinsamen Ziele zu erreichen half. Im Frühjahr 1530 (Februar oder April) trat Cromwell in die Dienste des Königs, bereits Ende des Jahres gehörte er zum inneren Kreis des Staatsrates.[122]

Und noch eines gilt es festzuhalten: die vielen Aktivitäten der Gesandten und Agenten Heinrichs, die ergebnislosen Sitzungen des Staatsrates, die im Parlament verabschiedeten Gesetze, sie sind im Grunde allesamt Indizien für eine tiefgreifende Rat- und Konzeptionslosigkeit Heinrichs VIII. und seiner Berater; eine Lösung, die Scheidung endlich durchzusetzen, war noch nicht gefunden.

Ab dem Sommer/Herbst 1530 jedoch schoben sich neue Aspekte in den Vordergrund. Heinrich VIII. versenkte sich zu dieser Zeit intensiv in die Lektüre einer ihm im wesentlichen von Thomas Cranmer zusammengestellten Schrift, der «Collectanea satis copiosa», die unterschiedlichste Materialien zur Scheidung des Königs in sich vereinte. Heinrich war fasziniert, vor allem von der Formel der Suprematie des Königs, der als gesalbter Herrscher vom Richtspruch des Papstes unabhängig sei. Heinrich VIII. hatte zwar schon im Jahre 1515 vor einer Versammlung von Richtern und Bischöfen ausgeführt, daß die englischen Könige der Vergangenheit nur Gott als über ihnen stehend anerkannt hätten[123], aber nun erst nahm der Gedanke der königlichen Suprematie konkrete Gestalt an.

Zugleich formulierte Heinrich einen historisch begründeten Grundsatz: weder er selbst noch irgendeiner seiner Landsleute könnte vor einen

Thomas Cranmer,
Erzbischof
von Canterbury
1533 bis 1556.
Gemälde von
Gerlach Flicke, 1546.
National Portrait
Gallery, London

römischen Gerichtshof zitiert werden, da nach altem Brauch und gemäß der Privilegien des Reiches sich kein Engländer einer fremden Rechtsprechung unterwerfen müsse.[124] Als weiteres Argument, das in die gleiche Richtung wies, behauptete Heinrich, daß die ehrwürdigen Gesetze der Kirche untersagten, einen Streitfall außerhalb der Kirchenprovinz zu verhandeln, in der er entstanden war. Für diese Auffassung konnte der englische König tatsächlich einige frühe Zeugnisse der Kirchenväter anführen, was er und seine erstaunlich modern wirkende Propagandamaschinerie in den nächsten Monaten auch nicht müde wurden, immer und immer wieder zu tun.[125] Damit war die Strategie für die Verhandlungen in Rom festgelegt: die englischen Gesandten versuchten, den Papst zu bewegen, den Fall wieder nach England zu überweisen.

Während der König intensiv über die Wurzeln und die Grenzen der eigenen herrscherlichen Macht nachdachte und den Papst bekämpfte, wurden erstmals seit neun Jahren wieder Ketzer zum Tode verurteilt. Anfang 1530 verurteilten Warham und Fisher Thomas Hitton wegen Ketzerei. Hitton hatte versucht, die – mit lutheranischen Randglossen versehene – Bibelübersetzung William Tyndales von 1525 heimlich ins Land zu schmuggeln; im Februar 1530 wurde Hitton in Maidstone öffentlich verbrannt.

Und im Herbst 1530 hatte man offensichtlich einen Weg gefunden, den englischen Klerus in die Knie zu zwingen. In der dritten Oktoberwoche wurde im Staatsrat (oder im inneren Beraterkreis Heinrichs) erstmals der Gedanke erwogen, nicht nur einzelne Kleriker, sondern den gesamten Klerus wegen Praemunire* unter Anklage zu stellen. Die schon vorbereiteten Anzeigen gegen sechzehn prominente Geistliche wurden zurückgestellt; am 21. Oktober schrieb Thomas Cromwell an Wolsey: «Die Geistlichen werden nicht vor Gericht erscheinen müssen. Es ist etwas ganz anderes in Vorbereitung.»[126]

Aber auch das Jahr 1530 verstrich ohne konkrete Schritte: das Parlament war mehrfach verschoben worden, augenscheinlich war noch kein Konsens über das weitere Vorgehen gefunden. Der Staatsrat war gegen Ende 1530 in drei Gruppierungen gespalten. Einer ersten homogenen Gruppe gehörten der Lordkanzler Thomas More, George, Graf von Shrewsbury, die Bischöfe Fisher, Tunstall, West, Clerk, Standish und einige alte Anhänger Katharinas an: sie alle waren loyal gegenüber Ka-

---

* Praemunire (wahrscheinlich von lat. praemoneri = vorgewarnt werden). Mit dem von Edward III. eingeführten und später mehrfach verschärften Praemunire-Statut sicherten sich die englischen Könige das Recht, alle päpstlichen Erlasse, Dekrete, Bullen usw. anzusehen und jeweils über ihre Gültigkeit für England zu entscheiden. Wer einen päpstlichen Erlaß ohne Einwilligung des Königs befolgte, machte sich strafbar und konnte zu Kerkerhaft und Güterkonfiskation verurteilt werden.

tharina, einig im Kampf gegen die Häresien und entschlossen, die englische Kirche vor den geplanten Angriffen zu schützen. Für diese Ziele kämpften sie mit aller Energie. Die Bischöfe organisierten Predigten oder schrieben Bücher, Bischof Fisher allein verfaßte sieben Traktate gegen die Scheidung, einzig der Lordkanzler hielt sich zurück. Eine zweite, kleinere Gruppe umfaßte die ‹radikalen Denker› Fox, Cranmer und Cromwell, die sich mit Thomas Audley, dem Sprecher des Unterhauses des Parlaments, und Sir George Boleyn, dem Bruder Annes, verbündeten: sie vertraten kompromißlos den königlichen Standpunkt, die ganze Eheaffäre sei eine rein englische Angelegenheit, in der ein Urteil von einem englischen Kirchengericht oder der Konvokation* gefällt werden sollte. Die dritte und noch stärkste politische Gruppierung umfaßte die Herzöge von Suffolk und Norfolk, die Grafen von Wiltshire und Sussex, Stephen Gardiner, Lord Darcy und die übrigen Mitglieder des inneren Kreises, der sich ab Dezember 1529 gebildet hatte. Es war im Grunde die wiederbelebte alte aristokratische Allianz gegen Wolsey, die versuchte, ohne Angriffe auf den Klerus und den Papst eine für Heinrich positive Entscheidung der Eheaffäre zu erreichen; sie hatte allerdings dazu nicht einmal den Schatten eines Konzepts.[127]

Der Plan, von dem Cromwell Wolsey berichtet hatte, wurde zu Beginn des Jahres 1531 in die Tat umgesetzt: der gesamte Klerus wurde des Praemunire angeklagt, die Geistlichkeit habe Wolsey als Legat gehorcht und so mitgeholfen, die Autorität des Königs zu untergraben. Der König erklärte sogleich, er werde der Geistlichkeit diesen Verstoß gegen das Praemunire-Statut nach einer angemessenen Bußgeldzahlung, die seine Ausgaben in der Scheidungsangelegenheit ausgleichen sollte, vergeben. Am 24. Januar 1531 kaufte sich die südliche Konvokation mit der Zahlung von £ 100000 von der Strafverfolgung frei; und sie erkannte, wie vom König gefordert, diesen als Schutzherrn und Oberhaupt der Englischen Kirche «so weit dies das Gesetz Christi erlaube» an. Die Einschränkung, «so weit dies das Gesetz Christi erlaube», von der traditionellen Geschichtsschreibung Bischof Fisher zugeschrieben, aber wohl eher ein Vorschlag Audleys oder Cromwells, akzeptierte der König ungeachtet des ihm entgegengebrachten Widerstandes.[128] Wenig später, im Mai, sicherte sich auch die nördliche Konvokation für £ 18840 und die Anerkennung des Königs als Schutzherr und Oberhaupt der Englischen Kirche, so weit dies das Gesetz Christi erlaube, die königliche Vergebung.

Am 30. März 1531 erstattete Thomas More als Lordkanzler dem Parlament offiziell Bericht über die Entscheide der europäischen Universitäten, sicherlich eine der undankbarsten Aufgaben, die er während seiner

---

* Konvokation, die parlamentarischen Kirchenversammlungen, die seit dem 15. Jahrhundert in ihrer Gliederung (in zwei Häuser) und ihren Kompetenzen dem Parlament parallel geordnet waren.

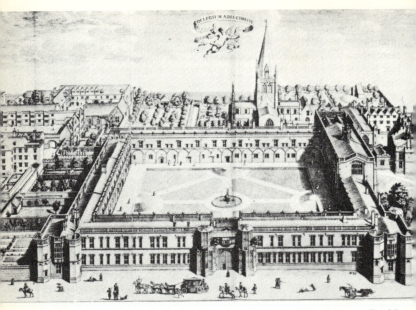

Christ Church College, Oxford, eine Gründung Heinrichs VIII. Stich aus David Loggans «Oxonia Illustrata», 1675

Kanzlerschaft übernehmen mußte. Der Historiograph Edward Hall, selbst ein Mitglied dieses Parlaments, überlieferte die Rede Mores der Nachwelt: «Ihr, die ihr Mitglieder dieser ehrenwerten Versammlung seid, wißt nur zu genau, daß der König, unser gnädiger Herr, die Witwe seines Bruders geheiratet hat. Da ihre Ehe mit seinem Bruder, Prinz Arthur, sowohl geschlossen als auch vollzogen wurde, mögt Ihr um so treffender sagen, daß er seines Bruders Witwe geheiratet hat. Ob diese Heirat nun gut ist oder nicht, daran zweifeln die Gelehrten. Und darum hat der König als ein gerechter und kluger Herrscher, zur Beruhigung seines Gewissens und ebenso im Interesse der Sicherheit des Reiches, mit großem Freimut die größten Gelehrten um Rat gefragt.»[129] Nachdem die positiven Stellungnahmen der Universitäten verlesen worden waren, fuhr More fort: «Nun mögt Ihr, die Mitglieder dieses Unterhauses...berichten, was Ihr gesehen und gehört habt, insbesondere, daß es nun für jedermann klar erkennbar ist, daß der König diese Angelegenheit weder aus Willkür noch aus Vergnügen in Angriff genommen hat, sondern nur zur Beruhigung seines Gewissens und zur Sicherung der Nachfolge in seinem Reich.»

Die Tatsache allein, daß More diese Rede hielt und damit zumindest der Aussage Katharinas, die Ehe mit Arthur sei nicht vollzogen worden, öffentlich widersprach, ist ein deutliches Indiz dafür, daß er auch nach den Beschlüssen der südlichen Konvokation den Kampf noch keineswegs verloren gab. In London kursierten zwar Gerüchte über einen Rücktritt des Lordkanzlers, aber er trat nicht zurück. Für den Rest des Jahres 1531 tobte augenscheinlich hinter den verschlossenen Türen der Sitzungen des Staatsrates ein erbitterter Machtkampf der drei Gruppen, und wiederum wurde nichts Konkretes unternommen; das Parlament wurde mehrmals vertagt.[130]

In dem eigentlichen Prozeß war auch nicht viel geschehen: nachdem der Papst noch 1530 gegenüber den englischen Gesandten geäußert hatte, Heinrich VIII. könnte doch ohne vorherige Scheidung von Katharina Anne Boleyn heiraten, dies sei verglichen mit der Auflösung einer gültigen Ehe das bei weitem kleinere Vergehen, konnte er sich Anfang 1531 dem Druck der kaiserlichen Agenten nicht mehr widersetzen; Clemens VII. erließ ein Breve gegen Heinrich, in dem er ihm verbot, sich erneut zu verheiraten; zugleich drohte der Papst Heinrich an, sollte dieser der Aufforderung zuwiderhandeln, alle Kinder aus der neuen Verbindung zu Bastarden zu erklären; und der Papst verbot allen Gerichten, in dem Annullierungsprozeß ein Urteil zu sprechen, solange der Fall bei seinem Gericht in Rom anhängig sei. Als der päpstliche Nuntius Heinrich das Schreiben am 6. Februar überreichte, zuckte dieser – von seinen Agenten vorgewarnt – nur mit den Achseln und sagte, sein Rat werde sich damit befassen. Heinrich selbst tat allerdings auch etwas, er trennte sich endgültig von Katharina: am 11. Juli brach der König morgens in aller Frühe mit Anne und dem Hofstaat auf, ließ Katharina in Windsor zurück und verbot ihr, ihm nachzureisen. Bald darauf kündigte er seine Rückkehr an, forderte Katharina jedoch auf, noch vor seiner Ankunft den Palast zu verlassen und sich – mit reduzierter Dienerzahl – auf einen Landsitz, ‹The Moor›, zurückzuziehen. Sie sahen sich nie wieder.[131]

Zu Beginn des Jahres 1532 wandte sich, offenbar auf Betreiben Cromwells, das Unterhaus des Parlaments gegen juristische Unregelmäßigkeiten und Unbilligkeiten in den Häretiker-Prozessen. Zugleich verabschiedete es das Annatengesetz, das verbot, die ersten Jahreseinkünfte eines neuen kirchlichen Würdenträgers nach Rom zu überweisen. Dieses Gesetz (Act in Conditional Restraint of Annates) wies allerdings zwei Vorbehalte auf, es sollte erst in einem Jahr und auch dann nur nach der Unterschrift des Königs Rechtskraft erhalten. Nachdem das Annatengesetz wohl Mitte März 1532 verabschiedet worden war, ging das Unterhaus noch einen Schritt weiter: wie schon 1529 verfaßte es eine Petition gegen den Klerus, worin im wesentlichen drei Punkte gefordert wurden: 1. der Klerus sollte anerkennen, daß der König als Oberhaupt der Kirche Englands auch die höchste richterliche Gewalt in kirchlichen Gerichtsverfahren habe, 2. die Konvokationen dürften ohne Zustimmung des Königs keinen Fall erörtern, und 3. sollte den Bischöfen das Recht entzogen werden, Fälle von Ketzerei vor ihren geistlichen Gerichten zu verhandeln; zukünftig sollten Ketzer nur noch von eigens dazu vom König eingesetzten Bevollmächtigten abgeurteilt werden.

Mit dem Annatengesetz hatte das Parlament dem König eine wirksame Waffe in die Hand gegeben, mit der er Rom unter Druck setzen konnte, mit der Petition jedoch wußte Heinrich zunächst nichts anzufangen; sie kümmerte ihn, als sie ihm am 18. März 1532 überreicht wurde, herzlich wenig. Die Antwort der Konvokation, die sich damit im übrigen reichlich Zeit ließ und dann in deutlichen Worten die königliche Suprematie in Frage stellte, erzürnte den König hingegen so sehr, daß er am 30. April den Sprecher Thomas Audley und zwölf ausgewählte Parlamentsmitglieder zu sich beschied und jene berühmten Sätze sprach, die deutlich den Wandel seiner Ansichten bezeugten: *Geliebte Untertanen, Wir haben geglaubt, daß die Kleriker Unseres Reiches ganz und gar Unsere Untertanen seien, aber jetzt haben Wir wohl gemerkt, daß sie nur zur Hälfte Unsere Untertanen sind – ja überhaupt kaum Unsere Untertanen. Denn alle Prälaten legen bei ihrer Weihe einen Eid auf den Papst ab, der dem Eid, den sie auf uns Uns ablegen, durchaus widerspricht, so daß sie seine und nicht Unsere Untertanen zu sein scheinen.*[132] Der Zorn des Königs überraschte die Prälaten. Während der gesamten ersten Maiwoche verharrten sie in Tatenlosigkeit, dann fügte sich der englische Klerus – nach langwierigen Verhandlungen – den von Heinrich nun zum eigenen Programm erhobenen Forderungen des Parlaments. Am Montag, dem 15. Mai 1532, unterwarf sich der englische Klerus dem König. Am Dienstag, dem 16. Mai, trat Sir Thomas More von seinem Amt als Lordkanzler zurück; gegen drei Uhr am Nachmittag übergab er im Beisein des Herzogs von Norfolk Heinrich VIII. den weißen Lederbeutel, der das große Staatssiegel Englands enthielt. Der Machtkampf war entschieden.[133]

Und wiederum geschah etwas Merkwürdiges: Heinrich wartete ab und unternahm nichts, obwohl er die Instrumentarien beisammen hatte, den Bruch mit dem Papst zu vollziehen. Vielleicht wollte er sehen, was Clemens VII. tun würde, aber auch der Papst tat nichts. Den endgültigen Bruch mit Rom bewirkte dann eine scheinbare Kleinigkeit: Anne Boleyn, seit dem 1. September Marquis(e) von Pembroke, hatte wohl im Sommer 1532 erstmals ihre Zurückhaltung gegenüber Heinrich aufgegeben, und sie bemerkte gegen Ende des Jahres, daß sie schwanger war. Nicht nur bei Anne war Heinrich vom Glück begünstigt, am 24. August 1532 starb William Warham, der Erzbischof von Canterbury, und zur allgemeinen Überraschung ernannte Heinrich Thomas Cranmer sofort zu Warhams Nachfolger. Dann überstürzten sich die Ereignisse, da das Kind, das Anne erwartete, auf jeden Fall ehelich geboren werden sollte. Am 25. Januar 1533 heirateten Anne Boleyn und Heinrich heimlich, am

Anne Boleyn, zweite Ehefrau Heinrichs. Anonymes Gemälde, spätes 16. Jahrhundert. National Portrait Gallery, London

21. Februar erließ Clemens VII., nachdem Heinrich wohl mit der Inkraftsetzung des Annatengesetzes gedroht hatte, die Bulle für Cranmers Bischofsweihe, am 30. März wurde Thomas Cranmer zum Erzbischof von Canterbury geweiht, wenig später (Anfang April) verabschiedete das Parlament ein seit langem vorbereitetes Gesetz, das verbot, in kirchlichen Streitfragen an Rom zu appellieren (Act in Restraint of Appeals), am 11. April bat Cranmer Heinrich demütig um die Erlaubnis, seinen Scheidungsprozeß führen zu dürfen, und am 23. Mai erklärte er nach einem formal ordnungsgemäß abgelaufenen Prozeß die Ehe von Heinrich und

Heinrichs und Katharinas Tochter Maria, später Maria I.
Anonymes Gemälde, 1544. National Portrait Gallery, London

Katharina für nichtig und von Beginn an ungültig. Fünf Tage später verkündete der Erzbischof in seinem Palast in Lambeth die heimlich vor vier Monaten geschlossene Ehe des Königs mit Anne Boleyn für gültig und rechtmäßig.[134]

Die zentrale Frage der letzten Jahre war damit gelöst; aber Heinrich hatte, um sein Ziel zu erreichen, die englische Kirche von Rom getrennt und sich selbst zum Oberhaupt der Englischen Kirche gemacht. Er hatte sich nach Jahren des vorsichtigen Taktierens und der Unentschlossenheit auf einen Weg begeben, der, wie es Jasper Ridley formuliert, «wahrscheinlich zwangsläufig dazu führte, daß England ein protestantischer Staat mit einer offiziellen Religion wurde, die 1533 von allen Autoritäten einschließlich Heinrichs als ketzerisch angesehen wurde»[135].

Verweilen wir noch einen Moment bei dem offenkundigen Verlierer in diesem Annullierungsprozeß: bei Königin Katharina. Unmittelbar nach Cranmers Urteil wurde sie ihres Titels ‹Königin› für verlustig erklärt, fortan sollte sie Prinzessin-Witwe von Wales genannt werden. Dies war nicht die einzige Demütigung, die Katharina in den nächsten Jahren einstecken mußte. Einzig das am 23. März 1534, fast sieben Jahre nach Beginn des Verfahrens, ergangene Urteil des Papstes zu ihren Gunsten verschaffte ihr eine gewisse Genugtuung. Nun mag man darüber spekulieren, was geschehen wäre, hätte der Papst früher ein solches Urteil gefällt – an den Tatsachen hätte es vermutlich nichts geändert; vielleicht wäre der Bruch einige Jahre früher erfolgt. Andererseits, hätte der Papst für Heinrich entschieden oder auch nur gestattet, den Fall nach England zurückzuüberweisen, die Annullierung der Ehe zwischen Heinrich VIII. und Katharina wäre vermutlich nur noch eine Fußnote der europäischen Geschichte des 16. Jahrhunderts.

Katharina jedenfalls blieb beharrlich bei der einmal bezogenen Position: noch auf dem Sterbebett am 7. Januar 1536 diktierte sie ihrem Arzt einen letzten Brief an ihren Gatten, ein einzigartiges Dokument aus dem Mund einer außerordentlichen Frau: «Mein teuerster Herr, König und Gemahl, da die Stunde meines Todes naht, kann ich, aus der Liebe, die ich für Euch empfinde, nicht anders, als Euch zu bitten, an das Heil Eurer Seele zu denken, welchem Ihr vor allen weltlichen Überlegungen und den Dingen des Fleisches den Vorzug geben solltet, um derentwillen Ihr mich in manches Ungemach und Ihr Euch selbst in viele Verdrießlichkeiten gestürzt habt. Doch ich vergebe Euch alles und bitte Gott, das gleiche zu tun. Im übrigen empfehle ich Euch Maria, unsere Tochter, und bitte Euch, ihr ein guter Vater sein zu wollen, wie ich es immer gewünscht habe ... Endlich spreche ich diesen Wunsch aus, daß meine Augen Euch über alles zu sehen wünschen. Lebt wohl.»[136]

Die königliche Suprematie: Englische Innenpolitik 1534–1539

Während im Englischen Parlament über das Appellationsgesetz abschließend beraten und abgestimmt wurde, berichtete Chapuys am 10. April 1533 Karl V. über die allgemeine Stimmung in England und bat ihn um eine militärische Intervention: «Die Engländer aller Stände wünschen, daß Eure Majestät eine Armee entsenden möge, um den giftigen Einfluß der Dame und ihrer Anhänger zu zerstören und um das Königreich zu erneuern. Verzeiht mir meine Kühnheit, aber Eure Majestät sollten nicht

Der Parnaß. Entwurf von Holbein für einen Triumphbogen anläßlich der Krönung Annes

zögern. Wenn diese verfluchte Anne den Fuß im Bügel haben wird, wird sie der Königin und der Prinzessin [d. i. Maria] alles Üble zufügen, das sie nur kann. Sie prahlt damit, daß sie die Prinzessin in ihrem eigenen Gefolge haben wird. Vielleicht wird sie sie eines Tages vergiften oder sie an einen Lakaien verheiraten, während das Königreich der Ketzerei ausgeliefert wird. Eine Eroberung würde durchaus leicht sein. Der König hat keine kriegsgeübte Armee. Alle, die von höchstem Stande sind, und alle Adligen sind für Eure Majestät, ausgenommen der Herzog von Norfolk und zwei oder drei andere. Möge der Papst an die weltliche Macht appellieren, man muß den Handel unterbinden, die Schotten ermutigen, daß sie ein paar Schiffe auslaufen lassen, und die Sache wird gemacht sein. Es wird kein Unrecht sein, und anderenfalls wird England dem heiligen Glauben entfremdet und lutherisch werden. Der König zeigt ihnen den Weg und leiht ihnen Flügel, und der Erzbischof von Canterbury tut noch Schlimmeres.»[137]

Obwohl die Analyse der Stimmung im englischen Volk zum Teil sicherlich dem Wunschdenken des kaiserlichen Gesandten zuzuschreiben ist, so bleibt doch zu konstatieren, daß die neue Königin Anne bei ihrer feierlichen Krönung am Pfingstsonntag, dem 1. Juni, ungeachtet allen äußeren Glanzes nur mit verhaltenem Jubel begrüßt wurde. Dennoch, Anne war am Ziel ihrer Wünsche: sie war die gekrönte Königin, die rechtmäßige Gattin ihres geliebten Heinrich, und sie erwartete, um ihr Glück und das des Königs vollkommen zu machen, den Thronfolger. Am 7. September 1533 jedoch wurde sie – entgegen allen Voraussagen der Astrologen – von einem gesunden, zarten Mädchen, der späteren Königin Elisabeth I. (1558–1603), entbunden. Von den Anhängern Katharinas wurde die Geburt Elisabeths als Gottesurteil gegen Heinrich interpretiert; aber auch Heinrich empfand die Geburt einer Tochter als moralische Niederlage: einer gesicherten Nachfolge war er damit keinen Schritt näher gekommen.

So enttäuschend wie die Geburt Elisabeths, so unübersichtlich war die politische, insbesondere die religionspolitische Lage. Heinrich VIII., das Oberhaupt der Englischen Kirche, der ‹Verteidiger des Glaubens›, war in Glaubensdingen so traditionell wie vor dem Bruch mit Rom. Thomas Cranmer, der neue Erzbischof von Canterbury, zeigte immer offener seine Neigung zu einem gemäßigten Reformkurs im Sinne einer lutheranischen Erneuerung, und Anne Boleyn, die Königin, galt als entschiedene Anhängerin der neuen lutheranischen Lehren. Der religiöse Dissens barg eine Menge neuer Konfliktstoffe, obwohl zunächst einmal die Ketzerverfolgungen wie gehabt weitergingen. Allerdings wurden gemäß der neuen Bestimmungen die Prozesse nicht mehr von geistlichen Gerichten, sondern von eigens eingesetzten königlichen Beauftragten geführt. So wurden etwa am 4. Juli 1533 der gelehrte John Frith und Andrew Huett, ein Londoner Schneider, nach ergangenem Urteil in Smithfield Seite an Seite öffentlich verbrannt. Beide hatten die reale Präsenz von Leib und Blut Christi im Altarssakrament standhaft geleugnet.

Für das Parlament blieb ebenfalls noch viel zu tun: nachdem die Annullierung der Ehe und der Bruch mit Rom vollzogen war, bedurfte es einer Fülle weiterer Gesetze, diese wichtigen Grundsatzentscheidungen in konkrete Detailregelungen umzusetzen. Obwohl in London Gerüchte kursierten, der König würde unverzügliche und drastische Maßnahmen gegen die Kirche ergreifen, begann die 5. Parlamentssession (15. Januar 1534) mit einer Reihe von straf- und wirtschaftsrechtlichen Routinegesetzen. Nur weniges betraf die Kirche direkt: da der Bruch mit Rom vollzogen war, wurden auch die beiden italienischen Bischöfe von Salisbury

Heinrichs und Annes Tochter Elisabeth, später Elisabeth I., als etwa Zwölfjährige. Anonymes Gemälde des 16. Jahrhunderts. Windsor Castle

(Campeggio) und Worcester (Ghinucci) ihrer Ämter und Pfründen enthoben. Sie wurden nach einjähriger Vakanz durch die Reformer Nicholas Shaxton und Hugh Latimer ersetzt. Ende Februar/Anfang März wurde ein zweites Annatengesetz beraten und schließlich am 12. März auch verabschiedet. Es verbot endgültig alle Zahlungen an Rom und ermächtigte den Erzbischof von Canterbury, die bisher vom Papst erteilten Dispense zu geben. Die Präambel dieses Gesetzes ist ein bedeutendes Dokument, bietet sie doch einen der frühesten Belege für die Behauptung, der Papst beschneide widerrechtlich die Autorität des englischen Königs.

Zwei Gesetze regelten die Thronfolge: nachdem am 7. März Katharina auch vom Parlament zur Prinzessin-Witwe erklärt worden war, wurde am Tag nach Palmsonntag, dem 30. März 1534, das Nachfolgegesetz (Act of Succession) verabschiedet. Die Präambel erinnerte an die Bürgerkriege der Vergangenheit, zitierte Cranmers Annullierungsurteil der Ehe Heinrichs mit Katharina und die Rechtmäßigkeitserklärung der Ehe mit Anne Boleyn. Die eigentliche Thronfolge ergab sich aus diesen Prämissen: erste Thronfolger wären männliche Nachkommen aus der Ehe mit Anne, oder, sollte es solche nicht geben, aus einer möglichen weiteren Ehe des Königs; sollten keine männlichen Erben geboren werden, so würde die Herrschaft an Annes Tochter, Prinzessin Elisabeth, und an deren Nachkommen fallen. Des Königs ältere Tochter, Maria, wurde genauso wenig genannt wie die Nachkommen von Heinrichs Schwester Margarete; dies war politisch klug: Marias weiteres Schicksal war damit nicht definitiv entschieden. Leicht könnte sie, wenn es – aus welchem Grund auch immer – geraten schien, in die Thronfolge eingesetzt werden; jederzeit hätte man (durchaus kanonisch) argumentieren können, sie sei ein legitimes Kind des Königs, da sich ihre Eltern bei ihrer Geburt nicht darüber im klaren waren, daß ihre Ehe von Beginn an ungültig war. Die Sukzessionsakte war ein außergewöhnliches Dokument, indem sie bereits genaue Strafen für Verstöße gegen dieses Gesetz vorschrieb: Handlungen oder Schriften gegen den König, seinen Titel und seine Heirat würden als Hochverrat (high treason), das Sprechen im gleichen Sinne als Verrat (misprision of treason) verfolgt werden. Und alle Untertanen konnten verpflichtet werden, einen Eid zu leisten, der den Inhalt und die Konsequenzen dieses Gesetzes anerkannte.[138]

Wir wissen nicht, von wem die Idee stammte, nicht nur die Thronfolge, sondern implizit die gesamten Neuerungen seit 1529 durch einen allgemeinen Eid der Untertanen bekräftigen zu lassen; die Entscheidung jedoch, diese Idee zu realisieren, traf der König selbst. Thomas Cranmer, Thomas Audley, der Nachfolger Mores als Lordkanzler, und die Herzöge von Norfolk und Suffolk wurden mit der Durchführung des Gesetzes beauftragt. Der Londoner Klerus sollte den Anfang machen: am 13. April bereits wurde er in den Palast von Lambeth gebeten, um dort den Eid zu leisten. Ebenso wurden Bischof Fisher und Thomas More geladen; Fisher und More waren neben dem Archidiakon von Oxford, Dr. Wilson, die einzigen, die den Eid verweigerten. Sie wurden – entsprechend den Bestimmungen der Sukzessionsakte – in den Tower geworfen, wo Wilson nach einigen Monaten den Eid dann doch ablegte. Die übrigen Londoner Geistlichen legten den Eid ab, und ihnen folgte nach und nach der gesamte Klerus. Nur einige wenige Kartäuser und Franziskaner verweigerten neben Fisher und More den Eid, und auch sie wurden eingekerkert. Bewegte sich dies alles im Rahmen der Bestimmungen der Sukzessionsakte, so wies diese doch, wie der Jurist More schnell erkannte[139], eine fundamentale juristische Lücke auf: sie schrieb den genauen Wortlaut des Eides nicht vor und eröffnete der Willkür Tür und Tor.

Der Sommer 1534 ist noch aus einem weiteren Grund bemerkenswert: am 9. Juli 1534 wurde Lord Dacre vom Vorwurf des Hochverrats vor dem Gericht des Lord High Steward einstimmig freigesprochen. Es war der einzige Fall in Heinrichs Regierungszeit, in dem ein Gericht einen prominenten Politiker freisprach, den die Regierung unter Anklage ge-

Das Martyrium der englischen Kartäuser, 1535.
Anonymer zeitgenössischer Stich (Ausschnitt)

stellt hatte. Gleichwohl darf man diesen Einzelfall nicht als Beleg für die Unabhängigkeit der Gerichte unter Heinrich VIII. in Anspruch nehmen, eher als Beweis für die politische Klugheit des Königs. Er hatte bemerkt, welche Sympathien der übrige Adel Lord Dacre entgegenbrachte, und auch, auf wie schwachen Füßen die Anklage wegen Konspiration mit den Schotten während der Grenzkonflikte im Dezember 1532 stand. Wie schon bei der Freundschaftsabgabe im Jahre 1525 steckte der König zurück und nahm den einstimmigen Freispruch, für den auch seine engsten Berater, Norfolk, Worcester und Annes Vater, der Graf von Wiltshire, votiert hatten, hin.[140] Dieser eine Freispruch eines prominenten Politikers ändert nichts daran, daß in Heinrichs VIII. Regierungszeit politische Prozesse als Schauprozesse inszeniert wurden, daß Richter und Geschworene eingeschüchtert, daß Zeugen bedroht oder bestochen wurden, kurz, daß alles getan wurde, um die gewünschten Urteile zu erhalten.

Gleich im nächsten Jahr sollten dann mehrere solcher Schauprozesse bestätigen, wie es mit der Unabhängigkeit der Jurisdiktion in Heinrichs Reich tatsächlich bestellt war. Bevor wir dazu kommen, gilt es noch einen kurzen Blick auf die 6. Parlamentssession zu werfen, die am 3. November 1534 eröffnet wurde.[141] Wie von der Regierung gewünscht, wurden fünf wichtige Gesetze verabschiedet: 1. die königliche Suprematie über die Kirche wurde ohne die frühere Einschränkung, soweit dies das Gesetz Christi erlaube, zum Gesetz erhoben; 2. der von den Beauftragten des Königs den Geistlichen im April abverlangte Sukzessionseid wurde im selben Wortlaut verbindlich gemacht; 3. die Erstfrüchte und der Zehnte wurden dem König als Abgaben zuerkannt; gleichfalls wurden ihm zur Wiederherstellung etlicher Festungen und zur Reparatur der Hafenanlagen in Dover zusätzliche Gelder bewilligt. Einzig die Verschärfung der Hochverratsgesetzgebung, wonach jegliches Sprechen gegen die Suprematie des Königs als Hochverrat geahndet werden sollte, stieß auf einigen Widerstand. John Rastell, der Neffe Thomas Mores, überlieferte der Nachwelt eine interessante, wenngleich legendenhafte Version: «Man beachte hier sorgfältig, daß dem Gesetz ernster Widerstand entgegengebracht wurde und daß es erst durchgebracht werden konnte, als man seine Härte durch die Wendung ‹in böser Absicht› [maliciously] abmilderte; wonach also nicht jedes Sprechen gegen das Supremat Hochverrat wäre, sondern nur ein Sprechen ‹in böser Absicht›. Als man aber später auf Grund der Akte gegen Bischof Fisher, Sir Thomas More, die Kartäuser und andere vorging, wurde die in der Akte eindeutig ausgedrückte Wendung ‹in böser Absicht› von den Kommissaren des Königs, vor denen die Angeklagten sich zu verantworten hatten, für ungültig erklärt.»[142] Die Abmilderung ‹maliciously› stand jedoch, im Unterschied zur Aussage von John Rastell, bereits in den – zufällig gut erhaltenen – Regierungsentwürfen für dieses Gesetz.[143] Mit den neuen Gesetzen hatten Heinrich und Cromwell, der langsam das durch Wolseys Sturz entstandene Machtvakuum auszufüllen begann, die Mittel in der Hand, die im Tower wegen der Verweigerung des Sukzessionseids Eingekerkerten wegen Hochverrats unter Anklage zu stellen: es ging nicht mehr um eine möglicherweise lebenslange Haft, auf Hochverrat stand die Todesstrafe.

Am 29. April 1535 wurden vier Kartäusermönche und zwei Priester wegen Hochverrats vor das Oberhofgericht in Westminster gebracht. Alle hatten bestritten, daß dem König der Titel Oberhaupt der Kirche gebühre. Sie blieben fest in ihrer Überzeugung, wurden für schuldig befunden und zum Tod durch Erhängen, Schleifen, Enthaupten und Vierteilen verurteilt. Das Urteil wurde ordnungsgemäß am 4. Mai in Tyburn vollstreckt; am 8. Mai beschrieb Chapuys in einem Brief die grauenerregenden Details: «Nachdem man sie unter den Galgen geschleift hatte, ließ man die Verurteilten einen nach dem anderen auf einen Karren steigen, der unter ihnen weggezogen wurde, so daß sie hingen; danach wurde sofort der Strick durchschnitten, und man richtete sie auf und stellte sie an einer dafür hergerichteten Stelle auf, um sie stehend zu erhalten und ihnen die Schamteile abzuschneiden, die ins Feuer geworfen wurden; man schnitt sie auf und riß ihnen die Eingeweide heraus, hierauf wurde ihnen der Kopf abgeschlagen und ihre Körper geviertailt. Zuvor hatte man ihnen das Herz ausgerissen und ihnen damit den Mund und das Gesicht eingerieben.»[144]

Das papsttreue Europa war empört, und es befürchtete noch Schlimmeres; es bangte um den fast siebzigjährigen John Fisher, den unermüdlichen Kämpfer für Königin Katharina. Während die Prozesse gegen Fisher, drei weitere Kartäuser und Thomas More vorbereitet wurden, setzte Heinrich VIII. seinen Kampf gegen die Ketzer unbeirrbar fort: im Mai 1535 wurden 23 niederländische Wiedertäufer der Ketzerei angeklagt; Stokesley, der Bischof von London, und Robert Barnes, ein Reformer, der selbst vor neun Jahren der Ketzerei angeklagt worden war, wurden vom König als Richter bestellt. Alle Angeklagten wurden für schuldig befunden, neun widerriefen und wurden in die Niederlande abgeschoben, die übrigen vierzehn zum Tod auf dem Scheiterhaufen verurteilt.

Am 20. Mai 1535 ernannte Papst Paul III., der Nachfolger des im September 1534 verstorbenen Clemens VII., im Konsistorium sieben neue Kardinäle: fünf Italiener, darunter Ghinucci, der sechste war Jean Du Bellay, der ehemalige französische Botschafter in England, der siebte war Bischof Fisher. Sir Gregory di Casale, der englische Agent in Rom, war entsetzt, als er davon erfuhr. Er war überzeugt davon, daß Heinrich VIII. dies als bewußte Provokation verstehen würde; und di Casale sollte recht behalten. Heinrich war außer sich, als er von der Entscheidung hörte. Am 16. Juni schrieb Chapuys an Karl V.: «Sire, sowie der König hörte, daß der Bischof von Rochester zum Kardinal ernannt worden ist, war er sehr verdrossen und verärgert; er sagte und versicherte ein ums andere Mal, daß er diesem Bischof einen anderen Hut geben werde und daß er dann seinen Kopf nach Rom schicken werde, um den Kardinalshut zu empfangen.»[145] Einen Tag später, am 17. Juni, fand vor demselben Gericht, das am 11. Juni drei weitere Kartäuser zum Tod durch Erhängen, Schleifen und Vierteilen verurteilt hatte, der Prozeß gegen Fisher statt. Dieser gab zu, dem König den Titel des Oberhaupts der Kirche bestritten zu haben, er erklärte jedoch, dies nicht – wie vom neuen Hochverratsgesetz gefordert – in böser Absicht getan zu haben. Dennoch wurde er für schuldig befunden und wie die Kartäuser zum Tod durch Erhängen, Schleifen und Vierteilen verurteilt. Die Kartäuser mußten am 19. Juni in Tyburn die volle Strafe erleiden, Fisher wurde – vom König begnadigt – drei Tage später, am 22. Juni, auf dem Platz vor dem Tower enthauptet.

John Fisher,
Bischof von Rochester.
Zeichnung von
Hans Holbein d. J.,
um 1528.
Windsor Castle,
Royal Library

Als zunächst letzter kam der ehemalige Lordkanzler, Sir Thomas More, am 1. Juli 1535 an die Reihe. Er hatte zwar den Sukzessionseid nicht abgelegt, aber er hatte – im Unterschied zu Fisher und den bereits Verurteilten – die Suprematie des Königs weder mit Worten noch mit Taten bestritten: er hatte geschwiegen. Schweigen allein konnte jedoch ein Todesurteil nicht rechtfertigen. So behalf man sich mit einem Zeugen, Richard Rich, der einen Meineid schwor – und damit zugleich den Grundstein für eine steile politische Karriere legte, die ihn unter Edward VI. bis ins Amt des Lordkanzlers führen sollte. Auf Grund dieses meineidigen Zeugnisses wurde Sir Thomas More schuldig gesprochen und zum Tod durch Erhängen, Schleifen und Vierteilen verurteilt. Wie bei Fisher wandelte der König das Urteil in Tod durch Enthaupten um; am 6. Juli, dem Vorabend des Festes des heiligen Thomas von Canterbury, starb er unter dem Beil des Henkers.[146]

Diese Hinrichtungen in England erschütterten die christliche Welt Europas. Selbst in Frankreich, dem Verbündeten Englands, waren scharfe Worte zu hören; Brion, der Admiral von Frankreich, bezeichnete die

Die Hinrichtung Thomas Mores. Aus einem Kupferstich Giovan-Battista de Cavalieri, 1584

Hinrichtung Fishers als «das Niederträchtigste und Schlimmste, was es je auf der Welt gegeben hat»[147]. Ungeachtet der harschen Kritik aus dem Ausland blieb es in England ruhig; man hatte zwar jetzt erst richtig begriffen, was die Formel von der Suprematie des Königs über die Kirche in der Konsequenz bedeutete, aber es blieb ruhig. Mehr noch, die königliche Propaganda trug ihre Früchte; so schilderte etwa der Historiograph Edward Hall den Tod Fishers mit Worten, aus denen man noch heute die heimliche Mitfreude heraushören kann: «Man sagte, der Papst, für den er bei seinem Prozeß so beherzt und mit solchem Starrsinn eintrat, habe ihn zum Kardinal ernannt und den Kardinalshut bis nach Calais geschickt. Doch der Kopf, auf dem er sitzen sollte, prangte schon oben auf der London Bridge, ehe der Hut Bischof Fisher erreichen konnte.»[148]

Festzuhalten bleibt folgendes: alle so grausam hingerichteten Kartäuser und Franziskaner hatten die Autorität der Moral auf ihrer Seite. Gleiches gilt für Sir Thomas More, er hatte sogar das Recht auf seiner Seite. Anders sieht es bei Bischof John Fisher aus; er hatte sich nämlich tatsächlich des Hochverrats schuldig gemacht, wie ein allerdings erst viel später aufgefundenes Dokument belegt. Im Jahre 1533 hatte er über den kaiserlichen Gesandten Chapuys Karl V. gebeten, eine Armee auf die Insel zu entsenden und England mit einer militärischen Intervention vor der Ketzerei zu bewahren.[149]

Wie schon bei Heinrichs VIII. Regierungsantritt die Hinrichtungen der beiden Steuereinnehmer seines Vaters, so waren auch die über die Kartäuser, John Fisher und Thomas More verhängten Todesurteile Akte kalkulierter Grausamkeit. Moralisch, darüber dürfte sich auch Heinrich keinerlei Illusionen hingegeben haben, waren sie nicht zu rechtfertigen; politisch zeigten sie mit zynischer Brutalität, was derjenige zu erwarten hatte, der sich dem Willen des Königs widersetzte. Heinrich VIII. als der letztlich Verantwortliche für diese Hinrichtungen erwies sich damit als machiavellistischer Herrscher, der Recht und Moral dem politischen Kalkül unterwarf.

Im Januar 1535 hatte Heinrich VIII. Thomas Cromwell zu seinem Generalvikar und Stellvertreter in allen kirchlichen Angelegenheiten ernannt und ihm damit den Vorrang vor den Erzbischöfen und allen Bischöfen eingeräumt. Einen Laien, der dazu noch des Königs Sekretär und sein mächtigster ‹Minister› war, mit diesem neuen Amt zu betrauen, betonte augenfällig die Unterordnung der Kirche unter den König. Und Cromwell ging gleich entschlossen ans Werk, er ordnete eine Erhebung der Jahreswerte und der moralischen Verfassung aller Klöster und Pfarreien an.

Zwei Kommissare, Dr. Layton und Dr. Legh, berichteten über ihre Visitationen der Klöster im südlichen England geradezu Unglaubliches an Cromwell: «Wir haben Bath besichtigt. Ich fand, der Prior war ein sehr tugendhafter Mann, aber seine Mönche waren verdorbener als irgendwelche anderen in Verbrechen [d. i. der Unzucht] mit beiden Geschlechtern; einige haben zehn Frauen, andere acht; das Haus ist gut im Stande, hat aber £400 Schulden. In Farley... hatte der Prior nur acht Huren, die Mönche weniger. Der Ort ist geradezu ein Bordell, und sowohl dort wie in Lewes gibt es widernatürliche Verbrechen.»[150] Wiewohl man die Berichte der Kommissare Cromwells nicht als objektive Erhebung von Tatsachen werten darf, da ihre Schilderungen immer von dem Interesse geleitet waren, Cromwell stichhaltiges Material gegen die Klöster in die Hände zu spielen, so muß man doch zugestehen, daß die Vorwürfe nicht völlig aus der Luft gegriffen waren. Die Zustände in den Klöstern, insbesondere die mit sinnlosen und falschen Reliquien getriebenen Betrügereien waren tatsächlich beklagenswert.

Nachdem 1535 der Süden Englands von den Kommissaren Cromwells überprüft worden war, inspizierten sie in den Wintermonaten 1535/36 die nördliche Kirchenprovinz. Auch hier deckten sie viele Fälle von Unmoral und Aberglauben auf: «Aberglaube: Es wird eine Pilgerreise nach St. Guthlac und seiner Glocke gemacht, die sie auf die Köpfe der Leute legen, um Kopfschmerzen zu lindern...Dale. Sie verehren einen Teil des Gürtels und die Milch der heiligen Maria und das Rad der heiligen Katharina in Silber...Bury St. Edmund's. John Melfort, der Abt, findet großes Vergnügen an der Gesellschaft von Frauen und an großen Banketten; er hat Spaß an Karten- und Würfelspiel, weilt häufig auf seinen Bauernhöfen und predigt nicht...Sinnlose und gefälschte Reliquien: das Hemd von St. Edmund, das Blut Christi, Bruchstücke des Heiligen Kreuzes; der Stein, mit dem St. Stephan gesteinigt wurde, die Kohlen, mit denen St. Lawrence geröstet wurde.»[151]

Wie übertrieben die Schilderungen auch immer sein mochten, die Berichte der Kommissare Cromwells verfehlten nicht ihre Wirkung: mit ihrer Hilfe brachte Cromwell in der 7. Session des Parlaments (4. Februar–14. April 1536) ein Gesetz offenkundig ohne Probleme in beiden Häusern durch, das die Auflösung aller Klöster mit einem Jahreseinkommen von weniger als £200 verfügte. Dieses war allerdings nur der erste Schritt; der König und Cromwell hatten es auf das klösterliche Vermögen und auf die Zerstörung dieser potentiellen Widerstandsnester insgesamt abgesehen. Die Auflösung der kleineren und ärmeren Klöster zugunsten der Krone brachte nur geringe Profite; gut drei Viertel der englischen Mönchs- und Nonnenklöster hatten zwar ein Jahreseinkommen unterhalb der 200 £-Grenze, aber diese Klöster besaßen nur einen Bruchteil des klösterlichen Vermögens. Ungeachtet der Tatsache, daß die Äbte und auch etliche der anderen Mönche mit Pensionen abgefunden wurden, führten die Klösterauflösungen zu vielen sozialen Härten. Am 8. Juli 1536 schrieb Chapuys an den Sekretär Karls V. und erstattete Bericht: «Es ist eine beklagenswerte Sache, Legionen von Mönchen und Nonnen zu sehen, die aus ihren Klöstern vertrieben worden sind und die jetzt heruntergekommen hin- und herziehen und nach Möglichkeiten suchen, ihr Leben zu fristen; und mehrere ehrenwerte Männer haben mir berichtet, daß es über 20000 Mönche, Nonnen und Personen gibt, die von den unterdrückten Klöstern abhängen; sie alle wissen nicht, wie sie leben sollen.»[152]

Am 24. Januar 1536, zweieinhalb Wochen nach dem Tod Katharinas, nahm der König an einem Turnier in Greenwich teil. Während des Kampfes wurden er und sein Pferd mit solcher Kraft zu Boden geworfen, daß

Heinrich VIII., im Hintergrund sein Vater Heinrich VII. Entwurf von Hans Holbein d. J., 1536/37, für ein großes Wandgemälde im Whitehall Palace, das 1698 durch einen Brand zerstört wurde. National Portrait Gallery, London

man um das Leben des Königs fürchtete. Zwei Stunden soll er nach seinem Sturz bewußtlos gewesen sein, er blieb jedoch unverletzt. Sechs Tage später erlitt Königin Anne eine Fehlgeburt, das Kind wäre ein Junge gewesen. Chapuys, der mit schöner Regelmäßigkeit in seinen Briefen Anne als Konkubine und die kleine Elisabeth als Bastard bezeichnete, schrieb am 24. Februar 1536 über dieses Ereignis: «Und die Konkubine sagte, wie mir scheint, daß zwei Dinge die Ursache des Mißgeschicks seien, erstens der Sturz des Königs und zweitens, weil die Liebe, die sie für den König hege, viel größer und inbrünstiger sei als die der verstorbenen Königin, so daß es ihr das Herz bräche, wenn sie sehe, daß er andere liebe.»[153] Anne, so wird man diesem Brief entnehmen dürfen, litt darunter, daß der König sich offenbar einer anderen Frau zuwandte, und sie war nicht willens, dies einfach hinzunehmen.

Es war nicht das erste Mal, daß Chapuys, der offensichtlich über zuverlässige Informanten verfügte, über Unstimmigkeiten zwischen Heinrich VIII. und Anne zu berichten wußte: «...der König solle zu jemandem ganz im geheimen und wie in der Beichte gesagt haben, daß er diese Heirat unter der Verführung und dem Zwang von Zauberei eingegangen sei und daß er sie darum für nichtig halte, und Gott zeige dies wohl, da er ihnen nicht erlaube, männliche Nachkommenschaft zu haben, weshalb er also erwäge, daß er eine andere Gemahlin nehmen könne, was zu verstehen gab, daß er Lust hätte, es zu tun. Diese Sache zu glauben, fällt mir schwer, obgleich sie aus einer guten Quelle stammt.»[154] Am Hof und in London kursierten Gerüchte, der König plane eine neue Scheidung. Und in der Tat, Heinrich VIII. begann sich für eine andere junge Dame, Jane Seymour, zu interessieren. Wir wissen auch in diesem Fall nicht, wann der König sich erstmals ernsthaft um die fünfundzwanzigjährige, schlichte und nicht gerade geistsprühende Jane bemühte, wann die Spielregeln der höfischen Liebe überschritten wurden. Aber dies ist im Grunde auch müßig, denn die Liebe des Königs gab, wie E. W. Ives in seiner Biographie Anne Boleyns mustergültig gezeigt hat[155], nicht den Ausschlag: Anne Boleyn stürzte im Kampf um die Macht; sie fiel einer perfiden politischen Intrige Cromwells zum Opfer, weil sie – traditionell pro-französisch orientiert – die Annäherung zwischen Karl V. und England hintertrieb.

Thomas Cromwell beseitigte durch einen geschickt eingefädelten Putsch die Königin und zugleich die wichtigsten Mitglieder der Boleyn-Familie, und dies alles in nur wenigen Wochen. Am 30. April wurde Mark Smeton, ein junger Musiker aus der Hofhaltung der Königin, plötzlich verhaftet und in Cromwells Haus verhört; Smeton gestand (unter der Folter?), Ehebruch mit der Königin verübt zu haben. In den nächsten Tagen wurden Henry Norris, der langjährige Kämmerer des Königs, Sir Francis Weston, William Brereton und Annes Bruder, Lord Rochford, ebenfalls verhaftet und in den Tower geworfen; am 2. Mai traf dieses Schicksal auch die Königin. Bei ihrer Ankunft im Tower fragte sie Sir William Kingston, den Kommandanten des Tower, ob sie sterben müsse, ohne daß ihr Gerechtigkeit widerfahren sollte. Die Antwort Kingstons, selbst der ärmste Untertan des Königs habe Anspruch auf Gerechtigkeit, entlockte ihr nur ein Lachen; sie wußte, was sie erwartete.

Nur wenig später wurde Anklage wegen Hochverrats erhoben. Alle wurden des Ehebruchs und der Konspiration gegen den König beschuldigt. Dabei war die Anklage des Ehebruchs im Grunde strafrechtlich irrelevant, sie diente lediglich dazu, die Angeklagten in ein schlechtes Licht zu setzen und damit zugleich die Konspiration gegen den König wahrscheinlich zu machen. Die Anklagen wegen Ehebruchs liefern auch heute noch deutliche Hinweise darauf, auf wie schwachen Füßen die Anklagen insgesamt standen. Die Beschuldigungen, zwanzig an der Zahl, waren alle unter Nennung der Beteiligten, des genauen Datums und des genauen Orts sowie stereotyp mit der Formel «sowie zu anderen Zeiten und an anderen Orten» abgefaßt. Elf von den konkret genannten Beschuldigungen sind eindeutig zu widerlegen, da Anne und der betreffende Mann zum angegebenen Datum nicht am gleichen Ort waren, zwei weitere Daten wären unter der Voraussetzung, daß König und Königin zusammen waren, ebenso zu eliminieren; einige weitere Daten sind aus allgemeinen Überlegungen heraus wenig wahrscheinlich: so soll Anne am 6. und 12. Oktober 1533 mit Henry Norris in Westminster ehebrecherisch verkehrt haben, obwohl sie erst vier Wochen zuvor, am 7. September 1533, von Prinzessin Elisabeth entbunden worden war.

So liegt der Schluß nahe, daß die Vorwürfe des Ehebruchs wie der Konspiration gegen den König realiter unbegründet waren; Anne sowie alle übrigen Angeklagten, mit Ausnahme Smetons, plädierten in ihren Prozessen auch auf ‹Nicht schuldig›. Anne beschwor ihre Unschuld darüber hinaus bei ihrem Seelenheil; es gibt meines Erachtens keinen Grund, an der Ernsthaftigkeit dieses Schwurs zu zweifeln. Im Sinne der Anklage waren sowohl die Königin als auch alle Mitangeklagten wohl unschuldig. Was sie sich hatten zuschulden kommen lassen, waren Verstöße gegen die Etikette. So herrschte in der Hofhaltung der Königin ein lockerer Ton, bisweilen wurden die Scherze zu weit getrieben; und in einigen Fällen begab man sich auch auf gefährliches Terrain, man scherzte und lachte über die geringen Fähigkeiten des Königs, seiner Gemahlin beizuwohnen. Damit war unter Umständen die Nachfolgefrage tangiert, und dies konnte im Sinne des 1534 verschärften Gesetzes als Hochverrat ausgelegt werden. Wie unschuldig die einzelnen auch gewesen sein mochten, als Norris, Weston, Smeton und Brereton am 12. Mai der Prozeß gemacht wurde, wußten sie schon beim Einzug der Geschworenen, daß ihr Schicksal besiegelt war: voreingenommenere Richter und Geschworene waren kaum vorstellbar. Mit größter Sorgfalt waren sie von Cromwell ausgewählt worden, alte Freunde Königin Katharinas und Sir Thomas Mores, persönliche Feinde der Angeklagten, loyale und von Cromwell abhängige Staatsdiener. Und

Wappen Anne Boleyns, eingeritzt in die Zellenwand eines
Verlieses im Beauchamp-Turm des Tower von London

sie alle taten wie von Cromwell gewünscht ihre Pflicht: alle vier Angeklagten wurden für schuldig befunden und zum Tod durch Schleifen, Erhängen und Vierteilen verurteilt. Damit war der Spielraum im Verfahren gegen die Königin und ihren Bruder von vornherein durch die geschickte Regie Cromwells sehr eingeengt, da die Logik nun einmal für Ehebruch wenigstens zwei Beteiligte erforderte und vier Männer dieses Vergehens bereits für schuldig befunden worden waren. Weder Anne noch ihr Bruder hatten eine Chance, als sie am 15. Mai vor dem Gericht des Lord High Stewart erscheinen mußten, wo 26 Mitglieder des Adels über sie zu Gericht saßen. Und auch sie wurden – ungeachtet ihrer klugen Verteidigung – einstimmig schuldig gesprochen und zum Tode verurteilt.

Am 17. Mai wurde das Urteil an Norris, Weston, Smeton, Brereton und Rochford vor dem Tower vollstreckt. Der König hatte in allen Fällen die Strafe in Enthaupten umgewandelt. Am 19. Mai wurde Königin Anne innerhalb des Towers enthauptet, nachdem der Erzbischof von Canterbury ihre Ehe mit dem König noch am 18. Mai – ohne Angabe von Gründen – für ungültig erklärt hatte. Anne, die ungewöhnliche Königin, die nicht nur in ihrer Liebe zu Heinrich die Konventionen ihrer Zeit hinter sich ließ, die intelligent und tatkräftig ihren Einfluß in der Politik zur Geltung brachte, ging gefaßt und ruhig in den Tod, in einer Haltung, der auch Chapuys, ihr langjähriger entschiedener Feind, die Anerkennung nicht verweigerte: «Obgleich alle Welt hier sehr froh über die Hinrichtung der Hure ist, gibt es doch einige, die murren und es merkwürdig finden, welche Form man dem Verfahren und ihrer Verurteilung und der der anderen gegeben hat, und man spricht auf verschiedene Weise von dem König; und es wird nicht gerade zur Beruhigung dienen, wenn man gewahr werden wird, was geschehen ist und geschieht zwischen ihm und Lady Jane Seymour. Gestern hat Anne gebeichtet und kommuniziert, da sie glaubte, hingerichtet zu werden, und niemals hat jemand besseren Willen gezeigt, in den Tod zu gehen, als sie, und sie bat jene darum, die dazu den Auftrag haben sollten. Und als der Befehl gekommen war, die Hinrichtung bis auf heute zu verschieben, zeigte sie sich darüber sehr betrübt und bat den Hauptmann des Towers, daß er um der Ehre Gottes willen den König anflehen möge, sie sofort wegzuschaffen, da sie jetzt in gutem Stande und willens sei, den Tod zu empfangen. Die Dame, die sie bewachte, hat mir unter größter Verschwiegenheit sagen lassen, daß diese Konkubine vor und nach dem heiligen Sakrament ihr auf die Verdammnis ihrer Seele beteuert habe, sie sei dem König nicht untreu gewesen.»[156]

Während dieser ereignisreichen ersten Maiwochen des Jahres 1536 machte der König weiter Jane Seymour den Hof und vergnügte sich Abend für Abend mit ihr auf Banketten und Gesellschaften. Er war offensichtlich von Annes Schuld überzeugt, oder er wollte es sein; mit Sorgfalt kümmerte er sich um die Einzelheiten der Hinrichtung: aus St. Omer ließ er einen Scharfrichter kommen, der Anne mit dem Richtschwert enthaupten sollte; der König wollte ihr die Schmach des Hinkniens ersparen; sie sollte aufrecht stehend mit erhobenem Haupt sterben dürfen. Am Tag der Hinrichtung Annes gewährte Thomas Cranmer dem König eine Dispens, die es ihm gestattete, Jane Seymour zu heiraten; sie stammten beide von Edward III. ab und waren so weitläufig miteinander verwandt. Am 20. Mai schlossen Heinrich und Jane Seymour einen vorläufigen Ehevertrag, zehn Tage später heirateten sie heimlich und am 7. Juni stellte der König Jane als seine Königin der Öffentlichkeit vor. Am nächsten Tag begleitete Königin Jane ihren Gatten zur feierlichen Parlamentseröffnung. Dieses neu gewählte Parlament verabschiedete bald darauf schon ein zweites Sukzessionsgesetz, das die Nachfolge auf die Nachkommen aus der Ehe Heinrichs mit Jane festschrieb; bis dahin war der König ermächtigt, allein einen Nachfolger zu bestimmen. Allgemein war man überzeugt, Heinrich würde seinen unehelichen Sohn, den Herzog von Richmond, zum Nachfolger designieren, aber dieser starb am 22. Juli 1536, wenige Tage nachdem das Gesetz verabschiedet worden war. Gleichzeitig schloß das Parlament eine Lücke des Hochverratsgesetzes von 1534: es wurde für die Zukunft auch unter Strafe gestellt, das Primat des Papstes in Wort oder Schrift zu verteidigen.

Ob sich Heinrich VIII. hinsichtlich seiner eigenen Glaubensüberzeugungen dem Luthertum annäherte, muß wohl offen bleiben; fest steht lediglich, daß er von seinen Bischöfen verabschiedete Glaubensartikel zuließ, in denen implizit die Lehre der Augsburgischen Konfession anerkannt wurde. Wie sich im Episkopat Reformer und Traditionalisten gegenüberstanden, so waren auch diese «Zehn Artikel» von 1536 ein Kompromiß, und ein kurzlebiger dazu. Schon im Jahr darauf wurden sie durch das «Buch der Bischöfe» modifiziert und 1539 durch die wiederum sehr viel traditionelleren «Sechs Artikel» ganz ersetzt: mit kritischen Anmerkungen zu Formulierungen im «Buch der Bischöfe», in Briefen und in vielen Diskussionen mit Cranmer hatte der König selbst eifrig an den Glaubensrichtlinien mitgearbeitet.

Die «Sechs Artikel» schrieben fest: «1. Daß in dem Allerheiligsten Sakrament des Altars, durch die Kraft und Wirksamkeit des mächtigen Wortes Christi, das durch den Priester ausgesprochen wird, wirklich gegenwärtig sind unter der Form des Brotes und des Weines der wirkliche Leib und das wirkliche Blut Jesu Christi; und daß nach der Konsekration keine Substanz von Wein und Brot mehr bleibt, noch irgendeine andere als die Substanz Christi. 2. Daß die Kommunion unter den zwei Formen nicht für das Heil wesentlich ist; daß unter der Form des Brotes das Blut ebenso gegenwärtig ist wie der Leib und daß unter der Form des Weines das Fleisch ebenso gegenwärtig ist wie das Blut. 3. Daß es nach ihrer Ordination den Priestern nicht erlaubt sein soll, sich zu verheiraten und Gattinnen zu haben. 4. Daß die Gelübde der Keuschheit, welche nach Belehrung Gott gegenüber abgelegt worden sind, beachtet werden müssen und eine ewige Verpflichtung sind. 5. Daß die privaten Messen fortbestehen sollen als geziemend und notwendig, um göttlichen Trost und Wohltat zu erlangen. 6. Daß die Ohrenbeichte einem Priester gegenüber beizubehalten ist und weiterhin in der Kirche geübt werden soll.»[157] Wer den ersten Artikel leugnete, wurde automatisch als Ketzer verbrannt; wer gegen die fünf anderen verstieß, hatte mit langen Haftstrafen und im Wiederholungsfall mit dem Tod zu rechnen.

Die Klösterauflösungen wurden ebenfalls vorangetrieben. Seit 1537 wurden auch die größeren Klöster nach und nach beseitigt. Der ehemals klösterliche Besitz fiel an die Krone, die damit bewährte Diener des Königs beschenkte oder die Besitzungen verkaufte. Insgesamt fand speziell in den Jahren 1538 bis 1540 eine gewaltige Umverteilung des Landbesitzes statt, die den sozialen Aufstieg des Landadels zementierte und ihn damit zugleich in seiner Königstreue bestärkte. Auch der ‹Kreuzzug› der Kommissare Cromwells gegen den Aberglauben erfüllte seinen Zweck: Dutzende und aber Dutzende von Bildern und Reliquien wurden nach London gebracht oder direkt vor Ort verbrannt. Der Schrein des heiligen Thomas von Canterbury wurde geplündert und seinen Gebeinen der Prozeß gemacht, wie das erhaltene Urteil vom 24. April 1538 bekundet: «Urteil über Thomas, früher Erzbischof von Canterbury, vorgeladen und von

Jane Seymour, dritte Ehefrau Heinrichs. Gemälde von Hans Holbein d. J. Kunsthistorisches Museum, Wien

niemandem vertreten, Recht zu sprechen dahingehend, daß er während seines Lebens das Königreich in Unruhe gestürzt hat und daß seine Vergehen die Ursache seines Todes waren, obgleich er vom Volk als ein Märtyrer angesehen wird. Er darf in Zukunft niemals mehr Märtyrer genannt werden, seine Gebeine sollen weggenommen und öffentlich verbrannt und die Schätze seines Schreines zugunsten des Königs beschlagnahmt werden.»[158]

Im Herbst 1536 überzeugten Cromwell und Cranmer Heinrich VIII., die Erlaubnis zur Veröffentlichung einer englischen Bibelübersetzung zu geben und alle englischen Kirchen mit einer solchen Bibel auszustatten. Die dann im August 1537 veröffentlichte englische Bibel übernahm das Neue Testament in der ehedem so angefeindeten Übersetzung William

Tyndales, allerdings ohne dessen Randglossen, und auch die Übersetzung des Alten Testaments stammte in ihren überwiegenden Teilen von Tyndale.

Da sich am 15. Juni 1536 auch Heinrichs Tochter Maria endlich, von finsteren Drohungen und langanhaltenden Zahnschmerzen zermürbt, ihrem Vater unterworfen und ihn als Oberhaupt der Kirche von England nach Christus anerkannt hatte, konnte Heinrich im Sommer 1536 optimistisch in die Zukunft sehen. Er war glücklich in seiner neuen Ehe; Jane war ganz anders als Anne, eher ein unpolitisches Lamm, gottesfürchtig und traditionell katholisch, während Anne eine politisch einflußreiche, engagierte Anhängerin des Reformkurses gewesen war. Einzig mit seiner Gesundheit hatte er Probleme: seit 1528 plagte ihn immer wieder ein schmerzhaftes Geschwür im Oberschenkel, der schwere Sturz vom Januar 1536 hatte die ganze Angelegenheit verschlimmert, und bald wurden die Schmerzen chronisch.

Plötzlich jedoch mehrten sich die Hiobsbotschaften aus dem Norden Englands. Am 28. September wurden die Beauftragten des Königs in der Abtei von Hexham, die sie auflösen wollten, von bewaffneten Mönchen vertrieben. Am 1. Oktober wurden zwei von Cromwells Beamten in Lincolnshire, wo sie Steuern eintreiben wollten, ergriffen, mißhandelt und getötet. Wie ein Steppenbrand breitete sich die Revolte aus und nach wenigen Wochen hatte sich der gesamte Norden erhoben. Die Aufständischen wehrten sich in erster Linie gegen die Auflösung der Klöster und gegen einige Ratgeber des Königs, insbesondere gegen Thomas Crom-

Nonsuch («Ohnegleichen») Palace in Surrey, der ambitionierteste von Heinrichs zahlreichen Palastbauten. 1668 durch Feuer zerstört. Zeichnung von Hoefnagel

well, und vielleicht wurden sie auch von Anfang an von den Gegnern Cromwells bei Hof unterstützt. Monatelang dauerte es, bis es dem König gelang, vor allem mit Hilfe des Herzogs von Norfolk und einigen hundert Hinrichtungen, die Ruhe wiederherzustellen. Bedeutsam ist dieser Aufstand, die ‹Gnadenwallfahrt›, der im englischen Norden von breiten Bevölkerungskreisen mitgetragen wurde, im wesentlichen aus drei Gründen: 1. war es bemerkenswert, daß sich der Aufruhr zu keinem Zeitpunkt gegen den König selbst richtete; wie schon bei Wolsey, so sah das Volk in den Ratgebern des Königs die eigentlich Schuldigen; 2. überließ der König, wie schon mehrfach in der Vergangenheit, die unangenehmen Aufgaben, in diesem Fall die Niederwerfung des Aufstands, seinen Untergebenen; aus sicherer Entfernung jedoch bestimmte er in Einzelfällen sogar die Anzahl der Hinrichtungen; 3. entstand während dieser Gnadenwallfahrt wohl der Mythos von Thomas Cromwell als dem Erzbösewicht, dem ‹Hammer der Mönche›, dem führenden Kopf der henrizianischen Reformation.[159]

Im Sommer 1537 jedenfalls war die Ruhe im Lande wiederhergestellt, der König war zufrieden und freute sich mit seiner Gattin auf den sehnlichst erwarteten Thronfolger. Das Glück schien ihm tatsächlich wieder hold zu sein, am 12. Oktober schenkte Jane einem zarten, aber gesunden Knaben das Leben, dem späteren Edward VI. Heinrich VIII. hatte damit endlich den männlichen Nachfolger, den er brauchte, und zugleich den Beweis, daß Gott ihm gnädig gesinnt war und seine Politik guthieß. Der Jubel kannte keine Grenzen, wie ein zeitgenössischer Bericht festhielt:

Heinrichs und Janes Sohn Edward, später Edward VI., im Alter von etwa zwei Jahren. Gemälde von Hans Holbein d. J. National Gallery of Art, Washington

«Unmittelbar nach der Geburt wurde in der St. Paul's Kathedrale und in anderen Kirchen der Stadt das Te Deum gesungen, und in allen Straßen wurden große Freudenfeuer entzündet; es wurde überall gefeiert, und Tag und Nacht ertönten Triumphgeschrei und Geschützsalven, und Boten wurden in alle Gebiete und Städte des Reiches gesandt, und sie erhielten große Geschenke.»[160]

Zwölf Tage nach der Kaiserschnittgeburt jedoch starb Königin Jane, vielleicht an Blutvergiftung oder an Kindbettfieber, und Heinrich war Witwer. Cromwell berichtete in einem Brief an Lord William Howard über diesen Schicksalsschlag, aber auch er wußte sich wie Heinrich damit zu trösten, daß der Prinz gesund war: «Unser Prinz, dem Herrn sei's gedankt, ist bei guter Gesundheit und saugt kräftig, ganz wie ein Kind in seinem Alter. Unsere Herrin ist durch die Schuld derer, die um sie waren und die es zuließen, daß sie sich schwer erkältete und Dinge zu sich nahm, um die sie in ihren Fieberphantasien bat, zu Gott gegangen.»[161]

Das letzte Jahrzehnt

England und Europa 1537–1540

Die beständige Sorge Heinrichs VIII. seit 1533, dem Papst oder Karl V. könnte es gelingen, eine katholische anti-englische Allianz ins Leben zu rufen und England so politisch zu isolieren, hatte sich zum Glück als unbegründet erwiesen. Franz I. verwendete sich mehrfach beim Papst für Heinrich, und Karl V. hatte sich verweigert, als der Papst ihn bat, seine Entscheidungen mit der nötigen weltlichen Macht durchzusetzen. Die Befürchtung, daß in einem eventuellen Krieg mit England die lutherischen deutschen Fürsten sich auf die Seite Heinrichs schlagen würden, ließ Karl V. mit größter Vorsicht agieren. Im Herbst 1535 starb darüber hinaus Francesco Sforza, der Herzog von Mailand; damit stellte sich wiederum die Frage, was aus diesem strategisch wichtigen Herzogtum werden sollte, das zwar vertraglich kaiserlich war, das Franz I. jedoch noch nicht endgültig abgeschrieben hatte. Angesichts dieser unübersichtlichen Situation in Mitteleuropa bat Karl V. den Papst, die gegen Heinrich VIII. am 30. August 1535 erlassene Bulle, die den englischen König exkommunizierte und seines Königreichs für verlustig erklärte, zunächst zurückzuhalten; Karl wollte erst wissen, was Franz tun würde. Der Tod Katharinas am 7. Januar 1536 war für Heinrich ein ebenso großer Glücksfall wie der Tod Sforzas; da nun Katharina, seine Tante, tot war, hatte Karl V. keinen Grund mehr, Heinrich a priori feindlich gegenüberzutreten.

Heinrich und Cromwell erkannten die Chance: England war auf dem besten Wege, seine alte unabhängige politische Position zwischen Franz I. und Karl V. wieder einzunehmen, und dies um so leichter, als es im Frühjahr 1536 zum offenen Krieg zwischen den beiden kam. Eine vorsichtige Annäherung Heinrichs an Karl, die vornehmlich Cromwell und Chapuys eingefädelt hatten, schien am Widerstand der Boleyn-Familie, die traditionell pro-französisch orientiert war, zu scheitern, bevor es Cromwell mit seinem ‹Putsch› gelang, die Königin und ihren Anhang zu entmachten. Die Annäherung Englands an den Kaiser durfte jedoch nicht das Verhältnis zu Franz I. gefährden, dies geboten die politische Klugheit und vor allem der mögliche Einfluß, den Franz auf die Verhältnisse in Schottland nehmen konnte. Über die Notwendigkeit einer politischen Allianz Englands und Frankreichs schrieb der venezianische Botschafter in Frankreich: «Ein anderer Grund, der die Verbindung mit dem König von England für Frankreich sehr nützlich macht, ist dessen Reichtum – also ein sehr angenehmer und wünschenswerter Verbündeter. Dann vereint sie die gemeinsame Feindschaft, denn es ist wohlbekannt, daß der größte Feind der Könige von England und Frankreich der Kaiser ist. England, das sich bewußt ist, ihn beleidigt zu haben, erwartet jeden Tag den Krieg in seinem Land. Die beiden Könige sind auch durch ihre günstige Lage verbunden, da ja England und Frankreich Flandern angreifen und nehmen können ... Man erzählt sogar, daß die Engländer gerne gleichzeitig in Italien und Flandern Krieg führten und daß sie ein Drittel der Kosten tragen würden. Aber der Allerchristlichste König [d. i. Franz I.] hat es nicht so eilig, sei es, daß er durch sein Zögern bessere Bedingungen erreichen möchte, sei es, daß er eine günstigere Gelegenheit abwartet. Die Engländer sind übrigens auch durch den Papst bedroht, welcher wünscht, daß man sie bekriege, und der Kaiser schickt sich an, dem Papst zu gehorchen. So ist England in jeder Weise gezwungen, sich an Frankreich zu halten.»[162] Mit dem Ausbruch des Kriegs zwischen Franz I. und Karl V. war Heinrich seiner drängendsten Sorgen enthoben, und auch dies war ein Glück für ihn: man stelle sich nur vor, eine katholische anti-englische Allianz oder auch nur der Kaiser allein hätte sich gegen Heinrich gewandt, als diesem durch die Revolte der Gnadenwallfahrt im Herbst und Winter 1536/37 die Hände gebunden waren.

Heinrich VIII. durfte sich mehr als sicher fühlen: Franz I. und Karl V. umwarben ihn beide und bedrängten ihn, sich im Krieg auf ihre Seite zu schlagen. Beide unterstützten ihre Bündnisofferten mit Vorschlägen für eine Heirat eines ihrer Verwandten mit Heinrichs Tochter Maria; Karl wollte sie mit dem Bruder des Königs von Portugal verheiraten, während Franz seinen dritten Sohn, den Herzog von Angoulême, als ernsthaften Ehekandidaten vorschlug. Heinrich hörte sich alles an, machte beiden Freiern Hoffnung, allerdings ohne sich festzulegen. Militärisch blieb er nach sorgfältiger Anhörung aller Argumente ebenfalls neutral.

Unmittelbar nach dem Tod seiner dritten Ehefrau Jane am 24. Oktober 1537 begannen Heinrichs Gesandte in Frankreich und bei Karl V. vorsichtige Erkundigungen einzuholen und junge Damen zu inspizieren: Heinrich selbst stand als Witwer für eine politisch einträgliche Heirat wieder zur Verfügung. Dabei darf man wohl den mehrmaligen Beteuerungen Cromwells Glauben schenken, daß der Staatsrat den König zu diesen Initiativen überredet hatte. Sowohl Karl V. als auch Franz I. machten Heinrich verlockende Angebote. Ohne dieses zweijährige Hin und Her mit all seinen diplomatischen Gesandtschaften und taktischen Winkelzügen hier darlegen zu können, bleibt als Ergebnis festzuhalten: insgesamt neun

Karl V. Relief eines unbekannten Augsburger Künstlers, 1533

Frauen wurden ernsthaft als mögliche Ehefrau Heinrichs in Erwägung gezogen, und fünf davon wurden von Hans Holbein in Porträts festgehalten.

Heinrichs persönliche Favoritin war die Herzogin von Mailand, die der englische Gesandte Hutten am 9. Dezember 1537 enthusiastisch beschrieb: «Sie ist sechzehn Jahre alt, sehr groß... von angemessener Schönheit, sanfter Sprechweise und angenehmem Wesen ... Sie soll sowohl Witwe als auch Jungfrau sein... Sie hat ein einzigartig schönes Aussehen, und wenn sie lächelt, so erscheinen zwei Grübchen auf ihren Wangen und eines auf ihrem Kinn, was ihr geradezu ausgezeichnet steht.»[163] Dieser Verbindung standen aber Hindernisse entgegen: die Herzogin von Mailand war Karls Nichte und demzufolge Katharinas Großnichte, es hätte also einer Dispens bedurft; doch wer sollte diese erteilen? Der von den kaiserlichen Gesandten vorgeschlagene Papst war für Heinrich unannehmbar, und der von Heinrich vorgeschlagene Erzbischof von Canterbury war für die andere Seite nicht akzeptabel. Entscheidend für das Scheitern der Verhandlungen war jedoch die Herzogin selbst, die wohl eindeutige Sicherheitsgarantien verlangte, bevor sie einen Mann heiratete, dessen erste Frau Gerüchten zufolge vergiftet wurde, dessen zweite

Gemahlin enthauptet und dessen dritte durch die Sorglosigkeit der Pflege im Kindbett getötet worden war.[164] Heinrich wandte sich wieder Frankreich zu und überprüfte die Offerten, die Franz zu unterbreiten hatte.

Das beständige Taktieren, der Versuch, Franz I. gegen Karl V. auszuspielen, verfolgte im Grunde immer wieder den gleichen Zweck, eine sich anbahnende Annäherung zwischen den beiden zu verzögern und eventuell zu verhindern. Aber im Juni 1538 trat ein, was Heinrich befürchtet hatte: Karl und Franz trafen sich in Nizza, wenig später in Aigues Mortes, und sie schlossen einen zehnjährigen Waffenstillstand, der England diplomatisch isolierte. Der Papst erkannte sofort die Gunst der Stunde und verkündete am 17. Dezember 1538 seine Absicht, die Bulle, die Heinrich exkommunizierte und seines Königreichs für verlustig erklärte, veröffentlichen zu wollen. Zwei Tage nach Weihnachten brach Kardinal Reginald Pole heimlich von Rom auf, den Feldzug aller katholischen Mächte gegen Heinrich ins Werk zu setzen. Bei Karl V. jedoch traf Pole bereits auf Widerstand: der Kaiser hatte mit den Türken und den Lutheranern genug Probleme und dachte nicht daran, sich weitere aufzuladen. Und auch Franz zeigte sich eher reserviert, er sagte zu, seine heilige Pflicht zu tun, aber nur, wenn auch der Kaiser handelte.

Obwohl die unmittelbare Gefahr einer militärischen Invasion im Sommer 1539 praktisch gebannt war, sollte die permanente Drohung eines katholischen ‹Kreuzzugs› gegen England nachhaltige Auswirkungen auf die englische Politik haben. Eine der ersten Maßnahmen Heinrichs im Winter 1538/39 waren allgemeine Musterungen und die Einteilung des Reichs in elf Verteidigungszonen, deren Kommandos er mächtigen und verdienten Adligen übertrug. Die alten Verteidigungsanlagen wurden instandgesetzt, neue Festungen und Leuchttürme gebaut, die Flotte wurde verstärkt – und Heinrich ließ die Brüder und die Mutter Kardinal Poles wegen Hochverrats einkerkern und bald darauf hinrichten. Das im April 1539 zusammengetretene Parlament verabschiedete im Mai die «Sechs Glaubensartikel», die nach den «Zehn Artikeln» von 1536 und dem «Buch der Bischöfe» von 1537 deutlich traditionellere Richtlinien für allgemein verbindlich erklärten. Während der König in England somit den Einfluß der Reformer beschnitt und das Rad der lutheranischen Erneuerung fast vollständig zurückdrehte, verhandelten seine Gesandten mit dem Herzog von Sachsen und dem Landgraf von Hessen über einen Beitritt Englands zur protestantischen Schmalkaldischen Liga.

Gleichzeitig begannen Heinrichs Gesandte, die bereits im Juni 1538 aufgenommenen Verhandlungen mit dem Herzog von Kleve über eine mögliche Heirat Heinrichs mit einer Schwester des Herzogs in konkretere Bahnen zu lenken. Der Herzog von Kleve selbst war kein Lutheraner, aber auch kein Papist, theologisch wäre er wohl eher als aufgeklärter Erasmianer einzustufen; politisch jedoch mußte er, seitdem er Geldern im Juli 1538 geerbt hatte und auf Grund bester persönlicher Beziehungen zu den deutschen Lutheranern, als respektabler Bundesgenosse Heinrichs gelten. Nach einigen zwischen Kleve und London gewechselten Gesandtschaften und nachdem Hans Holbein ein Porträt Annas von Kleve gezeichnet hatte, wurde am 6. Oktober 1539 der Heiratsvertrag geschlossen.[165]

Mit großem Gefolge reiste Anna von Düsseldorf nach Calais, wo sie von widrigen Winden zwei Wochen aufgehalten wurde. Am 27. Dezember erreichte sie endlich Dover, am Neujahrstag 1540 traf sie erstmals Heinrich, der seine Ungeduld kaum bezwingen konnte. Aber – Heinrich war über die Maßen enttäuscht, Anna war nicht die Schönheit, von der seine Gesandten geschwärmt hatten, und sie war alles andere als eine blendende Unterhalterin: ihre Hofdamen wirkten auf Heinrich noch erschreckender; häßlich und schlecht gekleidet erschienen sie ihm. Am nächsten Tag erklärte der König Cromwell, er könne Anna nicht ausstehen; am 3. Januar begrüßte er Anna in allen Ehren mitsamt seines Hofstaats; und am 4. Januar überlegte er mit seinem Staatsrat, wie er eine Heirat mit der ‹flandrischen Mähre› vermeiden könnte. Aber es gab keinen Ausweg, Karl V. verhandelte zur selben Zeit mit Franz I. in Paris, und

Anna von Kleve,
vierte Ehefrau
Heinrichs.
Gemälde von
Hans Holbein d. J.
Louvre, Paris

Cromwell erklärte seinem König, daß es keine Möglichkeit gäbe, sich der Heirat mit Anna zu entziehen. Nachdem er eine Nacht über sein Problem geschlafen hatte, fügte sich Heinrich VIII. in sein Schicksal: am Dreikönigstag fand in Heinrichs Kapelle in Greenwich die Trauung statt.

Vollzogen jedoch wurde diese Ehe nie, und bereits kurz nach Ostern, der Besuch des Kaisers in Paris war inzwischen zu Ende gegangen, formulierte Heinrich erstmals seine Zweifel, ob diese Ehe nicht genauso ungültig wäre wie seine erste. Zwei Gründe ließen sich dafür anführen: 1. die freiwillige Zustimmung Heinrichs hätte nicht vorgelegen, was sich in seiner Unfähigkeit Anna beizuwohnen klar erweise, und 2. ein früherer Ehekontrakt zwischen Anna von Kleve und dem Marquis von Pont-à-Mousson. Der erste Grund war – wie J. J. Scarisbrick eindringlich formuliert – sicherlich hinreichend, schwierig zu beweisen, aber wahr, der zweite genauso hinreichend und leichter zu beweisen, aber möglicherweise unwahr.[166] Das Annullierungsverfahren begann Anfang Juli, die Konvokation trat am 7. Juli zusammen und beschloß am 9. Juli, daß Heinrichs Ehe von Beginn an ungültig war; das Parlament bestätigte wenige Tage später den Beschluß der Konvokation. Etwa Mitte Juni 1540 hatte Heinrich Anna nach Richmond geschickt, und zur allgemeinen Überraschung fügte sie sich schnell in ihr Schicksal; fortan galten Heinrich und sie als Bruder und Schwester, und sie sah sich als Lohn für ihren Gehorsam mit einer umfangreichen Dienerschaft, zwei Häusern und einer garantierten Jahreszuwendung von £ 500 reichlich abgefunden.

Entscheidende Bedeutung für den Annullierungsprozeß hatte ein Schreiben Cromwells vom 30. Juni 1540, in dem er über die Hochzeit und sehr persönliche Aussagen des Königs berichtete: «Euer Gnaden haben mich gerufen und mir diese Worte oder ähnliche gesagt: ‹Mylord, wäre es nicht, um der Welt und meinem Königreiche Genüge zu tun, um nichts in der Welt würde ich das tun, was ich heute tue.› ... Und am Dienstag morgen erschien ich vor Eurer Majestät in Eurem Zimmer und fand Eure Majestät nicht so guter Laune, wie ich Euch zu finden glaubte, und so war ich so kühn, Euer Gnaden zu fragen, wie Euch die Königin gefiele, worauf Euer Gnaden kühl antworteten...: ‹Sicherlich, Mylord, wie Ihr vorher bereits wußtet, liebte ich sie nicht sehr, aber nun liebe ich sie noch weniger. Denn›, sagten Eure Hoheit, ‹ich habe ihren Leib und ihre Brüste befühlt, und danach dürfte sie, wie ich urteilen kann, keine Jungfrau sein, und dies hat mich so ins Herz getroffen, als ich sie befühlte, daß ich weder Willen noch Mut hatte, Weiteres zu unternehmen.› Ihr sagtet: ‹Ich habe sie als ebenso gute Jungfrau gelassen, wie ich sie gefunden habe.› Zwischen Lichtmeß und Fastnacht sagtet Ihr ein- oder zweimal, daß Ihr sie niemals fleischlich erkannt hättet, obwohl Ihr jede Nacht oder doch jede zweite bei ihr gelegen hättet.»[167]

Dieser Brief, mit dem Thomas Cromwell seinem König die Annullierung der Ehe mit Anna von Kleve ermöglichte, war zugleich der letzte

Dienst, den er Heinrich VIII. leistete. Er saß zu diesem Zeitpunkt bereits im Tower und wartete auf seine Hinrichtung. Wie der Fall Wolseys, so ist auch sein Sturz in vielen Details ein Rätsel[168]; es scheint, er ist wie der mächtige Kardinal ebenfalls einem geschickt eingefädelten ‹Putsch› des Adels und der Traditionalisten zum Opfer gefallen, und wiederum gehörte der Herzog von Norfolk zu den Initiatoren. Die von Cromwell propagierte und so fatale Hochzeit mit Anna von Kleve belastete sein Verhältnis zu Heinrich nachhaltig, zumal seit sich der König in die junge, anmutige, lebenslustige Nichte Norfolks, Catherine Howard, verliebt hatte. Der König, in den letzten Jahren, in denen er sich nicht mehr so bewegen konnte wie zuvor, sehr viel fülliger geworden, schnappte begierig nach dem weiblichen Köder, den ihm Norfolk geschickt präsentiert hatte. Als Opfer in dem beständigen Kampf um Macht und Einfluß fiel Cromwell; der Hauptvorwurf war, daß er ein verabscheuungswürdiger Häretiker sei, der ketzerische Literatur verbreitet, Ketzern die Predigtlizenz erteilt und insgesamt seine schützende Hand über die Häretiker gehalten hätte.

Der französische Gesandte Marillac berichtete seinem König über diese offizielle Version vom Sturz des mächtigen Thomas Cromwell: «Sire, da ich im Begriffe war, diesen Brief zu schließen, ist ein Edelmann vom Hofe des Königs zu mir gekommen, um mir vom König, seinem Herrn, zu melden, daß ich keineswegs erstaunt sein soll, daß der Herr Cromwell in den Tower gebracht worden sei ... Cromwell, der sehr der Partei der lutherischen Deutschen verbunden war, hätte ... seine Gunst denjenigen Gelehrten gewährt, die diese irrigen Lehren gepredigt hätten, und mit aller Macht diejenigen unterdrückt, die das Gegenteil predigten. Und nachdem er kürzlich von gewissen seiner Untergebenen verwarnt worden war, daß er gegen die Absicht des Königs, seines Herrn, und die vom Parlament bestätigten Gesetzesakte handele, habe er sich entdeckt und gesagt, daß er Hoffnung habe, die alten Prediger zum Schweigen zu bringen und abzuschaffen und nur mehr die neuen zuzulassen, wobei er hinzufügte, daß die Sache in kurzer Frist so weit sein werde, daß der König mit all seiner Macht ihn nicht hindern könne, sondern daß seine Partei so stark sein würde, daß wohl oder übel er den König zu den neuen Lehren bringen werde, sollte er selbst die Waffen gegen ihn ergreifen müssen.»[169] Mit Hilfe solcher Halbwahrheiten und glatten Lügen wurde Thomas Cromwell – ohne Gerichtsverhandlung – durch einen Parlamentsbeschluß (Act of Attainder) des Hochverrats für schuldig erklärt und zum Tode verurteilt. Am 28. Juli 1540 wurde er auf dem Platz vor dem Tower enthauptet, der König hatte auch ihm den traditionellen Tod des Hochverräters erspart.

Zwei Tage später, am 30. Juli, bewies Heinrich in Smithfield mit einem makaberen Schauspiel, daß er in der Religionspolitik konsequent seinen eigenen Kurs einzuhalten gedachte: der König ließ drei protestantische

Martin Luther. Kupferstich von Lucas Cranach d. Ä., 1520

Ketzer, Barnes, Garrett und Jerome, zusammen mit drei papistischen Verrätern, die das königliche Supremat geleugnet hatten, Abel, Powell und Featherstone, hinrichten. Jeweils ein Ketzer und ein Verräter wurden zuvor auf einer Schleife durch die Stadt gezogen: auf ein Gitter waren Barnes und Powell gebunden. Während sie durch die gaffende Menge der Schaulustigen geschleift wurden, hörte man sie erbittert miteinander streiten, jeder beanspruchte für sich, ein Märtyrer für den Glauben zu sein, und erklärte im gleichen Atemzug, der andere werde völlig zu Recht bestraft.[170] Der Sturz Cromwells erschreckte die Reformer, die Hinrichtung von Barnes jedoch empörte auch die Lutheraner in Deutschland. Martin Luther selbst gab wenig später das Glaubensbekenntnis des Robert Barnes in deutscher Sprache heraus und fand in seinem Vorwort deutliche Worte für das Tun des englischen Königs: «Wir [d. h. Luther und Barnes] pflegten häufig zusammen zu diskutieren, wie der König den abscheulichen Titel annehmen konnte... Aber die Antwort war einfach ‹Sic volo sic jubeo etc.› [Was ich will, das tue ich auch], was deutlich zeigt, daß der Junker Heinz Gott sein und tun will, was ihn gelüstet. Der Grund jedoch, warum Barnes gemartert wurde, ist noch immer verborgen, weil Heinrich darüber beschämt sein muß. Aber es scheint so zu sein, wie viele gute Menschen sagen, nämlich, daß Barnes, wie Johannes der Täufer, die Tat des Königs, Anna von Kleve zu verstoßen, um eine andere zu nehmen, mißbilligte. Denn was Junker Heinz will, muß ein Glaubensartikel über Leben und Tod sein. Dr. Barnes selbst sagte mir hier, daß More und der Bischof von Rochester aus nahezu dem gleichen Grund verurteilt worden seien, nämlich, daß sie Artikel mißbilligten, die er verfügt hatte.»[171]

Rückkehr in den Krieg

In mehrfacher Hinsicht läßt sich die Geschichte der letzten Regierungsjahre Heinrichs VIII., etwa die Zeit von 1540 bis 1545, unter dem Oberbegriff der Wiederkehr des Gleichen subsumieren. Wies schon der Sturz Thomas Cromwells deutliche Parallelen zum Untergang Kardinal Wolseys auf, so erscheint dem modernen Historiker die fünfte Ehe Heinrichs VIII., die Ehe mit Catherine Howard, als Neuauflage der Ehe mit Anne Boleyn. Am 28. Juli 1540, dem Tag von Cromwells Hinrichtung, hatte der König Catherine Howard, die «Rose ohne Dornen», wie er sie nannte, heimlich geheiratet und sie am 8. August der Öffentlichkeit als Königin vorgestellt. Nach der sommerlichen Rundreise des Jahres 1541, spätestens jedoch am 5. November 1541, war Heinrich VIII. überzeugt, daß Catherine ihn mit mehreren Männern betrogen und gegen ihn konspiriert hatte. Wie vor fünf Jahren beim Verfahren gegen Anne Boleyn wurde der Königin zur Last gelegt, ein abscheuliches, niedriges, fleischliches, wollüstiges und lasterhaftes Leben geführt zu haben; wie fünf Jahre zuvor, so wurde auch in diesem Fall der Vorwurf des Ehebruchs geschickt mit der Anklage wegen Konspiration gegen den König verknüpft. Die Königin und ihre Vertraute, Lady Rochford, deren Verschwiegenheit den wiederholten Ehebruch erst ermöglicht hatte, wurden – wie auch die beschuldigten Männer – zum Tode verurteilt und am 13. Februar 1542 vor dem Tower enthauptet.

Zumindest der Vorwurf des Ehebruchs war wohl in diesem Fall nicht unberechtigt; immerhin ist ein rührend unbeholfener Liebesbrief erhalten, den die junge Königin an ihren Geliebten, Thomas Culpeper, den Kammerherrn Heinrichs VIII., geschrieben hat: «Master Culpeper, ich empfehle mich Euch herzlich und bitte Euch, mir Nachricht zu geben, wie es Euch geht. Ich habe sagen hören, daß Ihr krank wart, und ich habe nichts so sehr gewünscht, als Euch zu sehen. Es wird mir weh ums Herz, wenn ich daran denke, daß ich nicht immer in Eurer Gesellschaft sein kann. Kommt mich besuchen, wenn Lady Rochford hier ist, denn dann kann ich Euch am besten zu Gefallen sein. Ich danke Euch dafür, daß Ihr versprochen habt, gut zu dem armen Burschen, meinem Diener, zu sein, denn wenn er nicht hier ist, ist niemand da, den ich zu senden wage. Ich bitte Euch, mir ein Pferd für diesen Mann zu geben, denn ich habe viele Umstände, um eines zu bekommen, und darum bitte ich Euch, mir eines

Catherine Howard, fünfte Ehefrau Heinrichs. Gemälde von Hans Holbein d. J. (?). Windsor Castle, Royal Library

durch ihn zu schicken. Und damit verbleibe ich, wie ich Euch schon gesagt habe, und nehme Abschied von Euch in der Hoffnung, Euch bald wiederzusehen. Und ich wünschte, Ihr wäret nun bei mir, damit Ihr sehen könntet, wie viel Mühe ich mir mache, um Euch zu schreiben. Die Eure, so lange das Leben währt, Catherine.»[172]

Zwei Tage vor Heiligabend 1541 wurden sieben Frauen und vier Männer in Westminster angeklagt, weil sie die verräterischen Machenschaften der Königin nicht angezeigt hatten. Unter ihnen war Norfolks Bruder, Lord William Howard, und auch die Herzogin von Norfolk. Alle wurden – größtenteils nach einem Schuldgeständnis – für schuldig befunden, zu lebenslanger Haft und Vermögensverlust verurteilt, jedoch schon nach wenigen Monaten wieder auf freien Fuß gesetzt.[173]

Während der Sturz und die Hinrichtung der pro-reformatorischen Anne Boleyn nicht zu der allgemein erwarteten Rückkehr zum Katholizismus geführt hatte, so tat Heinrich auch diesmal das Unerwartete. Der Sturz der traditionell katholischen Catherine Howard kündigte nicht, wie Gerüchte wissen wollten, die Hinwendung Heinrichs zu den Reformern an; im Gegenteil: Einen Monat nach der Hinrichtung Catherine Howards erließ der König eine Proklamation gegen protestantische Bücher; alle englischen Bibelübersetzungen außer der Great Bible von 1539 und sämtliche protestantischen Schriften wie etwa die Werke von Tyndale, Coverdale, Frith, Wycliffe, Luther und Calvin wurden verboten. Die Bücher sollten innerhalb von 40 Tagen eingezogen, den Bischöfen übergeben und dann öffentlich verbrannt werden.[174]

Ungleich bedeutender als die Geschichte der fünften Ehe stehen auch die außenpolitischen Aktivitäten Heinrichs VIII. unter dem Leitmotiv der Wiederkehr des Gleichen. In den bisherigen Problembereichen des Reichs herrschte weitgehend Ruhe. Seit der Verwaltungs- und Gesetzesreform des Jahres 1536 war in Wales die Ordnung hergestellt und auch in den nördlichen Provinzen bemühte man sich um Recht und Ordnung. In Irland hatte St. Leger, der Statthalter des Königs, mit brutaler Gewalt die Rebellen von Ulster in die Knie gezwungen und zumindest einen für Jahre tragfähigen Frieden erreicht. Am 19. Juni 1541 rief das irische Parlament Heinrich einstimmig zum König von Irland aus. Heinrich jedoch bestand darauf, diesen Titel zu ändern, um in der englischen und europäischen Öffentlichkeit zu verdeutlichen, daß sein neuer Titel ihm nicht vom irischen Parlament verliehen worden war. Offiziell wurde dann der Titel so verkündet, wie der König es wünschte: er war fortan «Heinrich VIII., von Gottes Gnaden König von England, Frankreich und Irland, Verteidiger des Glaubens, und auf Erden Oberhaupt der Kirche von England und Irland nächst Christus»[175]. Damit hatte Heinrich VIII. den Rücken frei, sein Augenmerk – wie zu Beginn seiner Regierungszeit – wiederum auf Frankreich und auf die europäische Kräftekonstellation insgesamt zu richten.

Sein Augenmerk auf Frankreich zu richten, hieß jedoch gleichzeitig, die langjährigen Schwierigkeiten an der schottischen Grenze einer endgültigen Lösung zuzuführen. Auf dem Kontinent kündigte sich erneut ein Krieg zwischen Franz I. und Karl V. an; der ‹allerchristlichste König› von Frankreich hatte sich mit den Türken, den ungläubigen geschworenen Feinden der Christenheit verbündet. Die Situation für Heinrich war außerordentlich günstig: sowohl Franz als auch Karl umwarben ihn, machten verwegene Vorschläge für Eheschließungen zwischen Heinrichs Tochter Maria und ihren Angehörigen; und Heinrich tat, was er so gern (und auch gut) tat, er wartete ab, wer ihm das bessere Angebot machen würde. Nach monatelangem diplomatischem Ringen verbündeten sich Karl V. und Heinrich VIII. gegen Franz I. Der eigentliche Eroberungsfeldzug nach Frankreich, auf den sich die Vertragspartner geeinigt hatten, war für den Sommer 1544 vorgesehen, obwohl es zwischen Franz und Karl bereits seit der offiziellen Kriegserklärung vom 12. Juli 1542 immer wieder zu kleineren Scharmützeln gekommen war. Heinrich hatte also noch Zeit, sich seines Problems mit Schottland anzunehmen; er wollte den Norden seines Reichs in Frieden und Sicherheit wissen, bevor er in die bewaffneten Auseinandersetzungen auf dem Kontinent selbst eingriff.

Nach wiederholten Grenzgeplänkeln in den vergangenen Jahren schickte Heinrich eine gewaltige Armee unter der Führung des Herzogs von Norfolk über die schottische Grenze und ließ mehrere Städte und rund zwanzig Dörfer niederbrennen (22. bis 25. Oktober 1542). Am 24. November erfolgte der schottische Gegenschlag, rund 18000 Schotten überquerten die Grenze, sie brannten einige Häuser und Weiler nieder. Im Sumpfgebiet von Solway Moss, keinen Kilometer von der Grenze entfernt, trafen sie auf eine kleine, etwa 3000 Mann starke englische Armee, die sie überraschenderweise angriff und in die Flucht schlug. Die Engländer machten über tausend Gefangene, darunter zwei Grafen und über fünfhundert Edelmänner. Nur wenig später traf den Schottenkönig Jakob V., der von einem Hügel in Schottland aus die deprimierende Niederlage seiner Armee mitangesehen hatte, ein weiterer Schicksalsschlag: seine Gemahlin gebar ihm eine Tochter und nicht den erhofften Sohn. Wenige Tage später, am 14. Dezember 1542, starb Jakob V., und die schottische Krone fiel an das gerade sechs Tage alte kleine Mädchen, an Maria Stuart. Verhandlungen zwischen Engländern und Schotten über eine Eheschließung zwischen Heinrichs Sohn Edward und Maria Stuart führten zwar am 1. Juli 1543 zu einem Vertragsabschluß, jedoch nicht zu einem dauerhaften Frieden, da vor allem das schottische Volk sich gegen diesen Vertrag empörte. Im Winter 1543/44 kam es erneut zu wiederholten Überfällen im englisch-schottischen Grenzgebiet, im Mai 1544 schließlich zum entscheidenden Schlag: eine englische Invasionsarmee unter dem Herzog von Suffolk brannte am 7. und 8. Mai Edinburgh nieder.

Nahezu gleichzeitig zu diesem Eroberungszug liefen die letzten Vorbereitungen für den bevorstehenden Frankreich-Feldzug: im Januar 1544 hatte Heinrich VIII. zum Entsetzen seines Staatsrates erklärt, er werde persönlich die Führung seiner Armee übernehmen. Wie in seinen jungen Jahren, so wollte sich Heinrich an die Spitze seiner Armee stellen; und dies tat er – ungeachtet seines ihn immer wieder mit starken Schmerzen heimsuchenden Beinleidens – dann auch; mehr noch, im Felde begann er, sich besser zu fühlen. Mit den Aktivitäten der Jugendzeit schienen bei ihm auch die Energie und die Tatkraft seiner Jugend zurückzukehren. An den vertraglich mit Karl V. vereinbarten Eroberungsplan, gemeinsam auf Paris zu ziehen, hielt sich der englische König jedoch nicht; vermutlich hat er dies auch zu keinem Zeitpunkt wirklich ernsthaft erwogen: er wollte im Grunde nur Boulogne, Montreuil und einige andere Städte im Umkreis von Calais erobern.

Die eigentlichen Kriegshandlungen können wir übergehen, die Erfolge Heinrichs waren mehr als bescheiden: Boulogne und eine zwischen Boulogne und Montreuil gelegene Festung konnten von den englischen Truppen gewonnen werden. Bald schon hatte Karl V. mit Franz I. – im übrigen entgegen den Vereinbarungen mit Heinrich VIII. – einen Separatfrieden (September 1544) geschlossen, und Heinrich war auf sich allein gestellt. Norfolk mußte die Belagerung von Montreuil abbrechen, da ein riesiges französisches Entsatzheer immer näher heranrückte, und Heinrich selbst kehrte nach England zurück.[176]

Der Frankreich-Feldzug des Jahres 1544 ist jedoch noch aus einem anderen Grund bedeutsam. Die vielen Briefe, die zwischen Königin Catherine, der Regentin und sechsten Ehefrau Heinrichs, die dieser völlig überraschend am 12. Juli 1543 geheiratet hatte, ihren Räten in Hampton Court und dem König in Boulogne gewechselt wurden, bezeugen nachhaltig, daß es auch in einer solchen Extremsituation der König allein war, der die Zügel der Regierung in seinen Händen hielt. «Jede wichtige zur Entscheidung anstehende Sache wurde ihm vorgelegt. Sollten die Zigeuner, die in Huntingdonshire verhaftet wurden, wie Landstreicher ausgepeitscht oder als unerwünschte Personen aus dem Königreich verbannt werden? Sollte ein alter Franzose, der schon seit vielen Jahren in Cornwall lebte, gemäß der Proklamation, nach der alle Bürger einer mit England verfeindeten Nation England verlassen mußten, des Landes verwiesen werden? Sollte der Lehrling eines Goldschmieds, der seinen Meister bestohlen hatte, aufgehängt werden, oder sollte man ihn auf Grund seiner Jugend begnadigen, da er solche Angst vor dem Tod habe, daß dies auf andere ebenso abschreckend wirke, wie wenn das Urteil vollstreckt worden wäre? Nur Heinrich in Boulogne konnte das entscheiden.»[177] Und der König entschied diese und auch alle übrigen ihm schriftlich vorgelegten großen und kleinen Probleme.

Heinrichs VIII. Herrschaft war absolut und ungefährdet, daran änderten auch die nur bescheidenen Erfolge des Frankreich-Feldzugs von 1544 und die empfindlichen Rückschläge des Jahres 1545 nichts. Am 27. Februar 1545 wurde ein starkes englisches Heer unter Führung von Sir William Evers, dem Schutzherrn der Grenzmarken, noch auf schottischem Boden bei Ancrum Moor vernichtend geschlagen, und auch die englische Besatzung in Boulogne wurde von französischen Truppen hart bedrängt. Am 3. Januar 1545 hatte Franz I. gedroht, er werde im Sommer in England einfallen und Heinrich zwingen, Boulogne an Frankreich zurückzugeben. Die geplante Invasion Englands konnte die in aller Eile neuorganisierte, schlagkräftige englische Flotte zwar verhindern, aber Heinrich VIII. verlor eines seiner riesigen Admiralsschiffe; der kaiserliche Gesandte erstattete am 24. Juli 1545 Karl V. brieflich Bericht: «Am Sonntag [dem 19. Juli], während der König auf dem Admiralsschiff zu Mittag aß, erschien die französische Flotte. Der König verließ eilig das Admiralsschiff, und die Engländer segelten den Franzosen entgegen; sie beschossen die Galeeren, von denen fünf in den Hafen hereingerudert waren, während die Engländer aus Mangel an Wind nicht hinausfahren konnten. Gegen Abend ging das Schiff des Vizeadmirals George Carew (die Mary Rose), unter, alle fünfhundert Mann an Bord ertranken, außer etwa fünfundzwanzig oder dreißig Bediensteten, Seekadetten und anderen.»[178] Alle Versuche, die «Mary Rose» wieder zu heben und so zumindest die kostbaren Geschütze zu retten, blieben vergeblich; bekanntlich konnte sie erst 1982 geborgen werden.

Der französische Invasionsversuch wurde zurückgeschlagen, und auch in der Umgebung von Boulogne hatte die französische Armee zurückstecken müssen; Heinrich VIII. konne sich wieder in aller Seelenruhe seiner geliebten Jagd widmen. Im Sommer und Herbst ging der König in Guildford auf die Jagd und in Windsor jagte er mit seinen Falken. Die kriegerischen Auseinandersetzungen der letzten Jahre hatten jedoch im Grunde nichts eingebracht; so bescheiden wie die Erfolge, so exorbitant hoch waren die dafür aufzuwendenden Geldmittel gewesen. Die Ausgaben für Armee, Flotte und Festungsbauten waren so immens, daß der König im Mai 1544 das englische Pfund abwerten und neue Münzen mit geringerem Gold- und Silbergehalt prägen ließ. In England, wo die Preise

jahrhundertelang fast stabil geblieben waren, wurde nach 1545 für die folgenden Jahrzehnte die Inflation zum ständigen Problem.

Und dennoch, der König erfreute sich nach wie vor der Zuneigung seiner Untertanen, in die sich allerdings bisweilen Furcht mischte. Das Privatleben des Königs war durch seine sechste Ehefrau, Catherine Parr, ebenfalls in ein ruhigeres Fahrwasser geraten: Catherine Parr hatte das Versprechen, das sie ihrem Gemahl am 12. Juli 1543 gegeben hatte, getreulich gehalten: «Ich, Catherine, nehme dich, Heinrich, zu meinem angetrauten Ehemann ... und ich will heiter und gehorsam sein im Bett und am Tisch, und dazu gelobe ich dir Treue.»[179] Mehr noch, sie war Heinrichs Kindern Maria, Elisabeth und Edward eine gute Stiefmutter und schenkte ihrem Gatten damit etwas, was dieser sich lange vergeblich gewünscht hatte, ein ruhiges, glückliches Familienleben.

Die wirklichen Probleme jedoch, die religiösen Gegensätze im Innern, die englisch-schottischen Fragen und auch das Verhältnis zu Frankreich, waren ungelöst. Schlimmer noch, sie konnten jederzeit erneut und dann mit zerstörerischer Gewalt zu kriegerischen Auseinandersetzungen eskalieren. Diese Probleme zu lösen, vermochte Heinrich VIII. nicht mehr; erst seine Tochter Elisabeth I. (1558–1603) konnte Jahrzehnte später in all diesen Fragen tragfähige Kompromißlösungen erreichen.[180]

Französischer Angriff auf Portsmouth, 19. Juli 1545. Detail aus einem Stich nach einem Bild des 18. Jahrhunderts

Die letzten Monate: Sicherung der Nachfolge

Die letzten Jahre der Regierungszeit Heinrichs VIII., bis zu seinem Tod am 28. Januar des Jahres 1547, sind überschattet von den inneren Auseinandersetzungen zwischen den religiösen Traditionalisten und den Reformern. So versuchte etwa im Frühjahr 1543 das Kapitel der Kathedrale von Canterbury, in dem die Traditionalisten mit sieben gegen fünf Reformer eine Mehrheit hatten, sich des Erzbischofs Thomas Cranmer zu entledigen; sie warfen ihm vor, in seiner Diözese ketzerische Bräuche zu fördern. Der König beauftragte Cranmer selbst mit einer Untersuchung der Vorwürfe, und der Erzbischof konnte nach monatelangen, sorgfältigen Überprüfungen alle der Ketzerei Beschuldigten entlasten. Das Vorgehen des Königs war für alle traditionalistischen Kleriker und insbesondere für Stephen Gardiner, ihren fähigsten Kopf, ein deutliches Signal, daß Heinrich es – jedenfalls vorerst – nicht zulassen würde, daß sie Thomas Cranmer stürzten.[181]

Noch im selben Jahr, oder 1545, wir wissen den Zeitpunkt nicht genau, versuchten es die Traditionalisten erneut. Einige Mitglieder des Staatsrates bedrängten Heinrich, Thomas Cranmer wegen Ketzerei in den Tower zu werfen. Der König erklärte sich bereit, Cranmer in der Ratsversammlung des nächsten Tages verhaften zu lassen, bestellte ihn jedoch noch am selben Abend zu sich nach Whitehall, besprach sich mit ihm und schenkte ihm zum Abschluß einen Ring. Das Angebot Cranmers, in den Tower zu gehen und in einem fairen Prozeß seine Unschuld gegen alle Vorwürfe der Ketzerei zu beweisen, lehnte der König rundweg ab: *Bei Gott! Welch rührende Arglosigkeit legt Ihr an den Tag, daß Ihr Euch freiwillig der Gefangennahme stellt, damit all Eure Feinde daraus einen Vorteil wider Euch ziehen. Glaubt Ihr denn nicht, daß dann, wenn sie Euch erst im Gefängnis haben, drei oder vier Schurken schnell besorgt sind, die gegen Euch Zeugnis ablegen und Euch verdammen, die aber jetzt, da Ihr in Freiheit seid, nicht wagen würden, ihren Mund gegen Euch aufzutun oder überhaupt vor Eurem Angesicht zu erscheinen? Das dürft Ihr nicht tun, Mylord. Ich schätze Euch zu sehr, als daß ich Euren Feinden erlauben könnte, Euch zu stürzen.*[182] Der König hielt weiter seine schützende Hand über den Erzbischof von Canterbury, und gleichzeitig machte er klar, wie er über die Gerichtsbarkeit in seinem Reich dachte. Heinrich VIII. wußte sehr genau, daß einige der in seinem Reich ergangenen Gerichtsurteile durch gekaufte oder eingeschüchterte Zeugen bzw. Geschworene erreicht worden waren. Seinen Erzbischof wollte er dieser Gefahr nicht aussetzen: am nächsten Tag wurde Cranmer im Staatsrat verhaftet, er zeigte den Ring des Königs vor und wurde vor Heinrich geführt. Der König wies alle Vorwürfe gegen Cranmer zurück, tadelte seinen Staatsrat mit deutlichen Worten, zwang aber gleichzeitig Cranmer, den gesamten Staatsrat zum Essen einzuladen und sich mit allen zu versöhnen.[183]

Verbrennung der Anne Askew in Smithfield, 1546. Anonymer zeitgenössischer Holzschnitt

Noch ein weiterer Fall ist bemerkenswert: Anne Askew, eine mutige und intelligente Dame von 25 Jahren, hatte sich von ihrem Mann, einem Landedelmann aus Lincolnshire, losgesagt, und war 1544/45 nach London gekommen, wo sie verbotene protestantische Bücher verteilte. Sie hatte einen ausgezeichneten Leumund und gute Kontakte zu den wichtigsten Damen bei Hofe, Gerüchte wollten wissen, sie habe sogar mit der Königin in Verbindung gestanden. Nach einer Verhaftung hatte sie ihre protestantischen Überzeugungen widerrufen (1545), wurde jedoch schon wenig später erneut inhaftiert und nach ihren Kontaktpersonen am Hofe gefragt. Der Lordkanzler Sir Thomas Wriothesley und Richard Rich, der mit seinem Meineid das Todesurteil gegen Sir Thomas More erwirkt hatte, scheuten sich nicht, sie höchstpersönlich im Tower zu foltern, um von ihr belastendes Material zu erhalten. Allein, Anne Askew blieb stumm, obwohl sie nach den Folterungen weder gehen noch stehen konnte; auf einem Stuhl wurde sie wenig später zu ihrem Prozeß in die Guildhall getragen (18. Juni 1546); am 16. Juli 1546 wurde sie gemeinsam mit drei anderen ebenfalls verurteilten Ketzern in Smithfield verbrannt.[184]

Königin Catherine selbst war in Gefahr geraten, wegen Ketzerei angeklagt zu werden; die persönlich von Lordkanzler Wriothesley vorgenommene Folterung Anne Askews läßt wohl diesen Schluß zu: und wirklich versuchten die katholischen Mitglieder des Staatsrates, die Königin zu beseitigen. Wie bei Cranmer, so spielte Heinrich auch in diesem Fall sein Spiel mit ihnen; er machte sie glauben, er wolle Catherine in den Tower werfen. Tatsächlich jedoch ließ er sich von seiner Gemahlin, die von den Beschuldigungen erfahren hatte, schnell besänftigen; sie sagte ihm, sie hätte die engagierten theologischen Diskussionen mit ihm in der Vergangenheit, bei denen sie eine deutlich reformatorische Position vertreten habe, nur geführt, um ihn von den großen Schmerzen in seinem Bein abzulenken und um die Gelegenheit zu erhalten, seinen gelehrten Erwiderungen lauschen zu können.[185]

Heinrich selbst, das dürften diese wichtigsten Beispiele bezeugen, vermochte es, die sich bitter befehdenden religiösen Gegner im Zaum zu halten; er spielte sogar immer wieder mit Erfolg die eine Gruppe gegen die andere aus. Was ihm jedoch auf Grund seiner königlichen Autorität und langjähriger Regierungserfahrung gelang, vermochte dies auch sein Nachfolger? Diese bange Frage wird sich der König in den letzten Jahren, seitdem er im Jahre 1544 die Thronfolge endgültig auf eventuelle Nachkommen aus seiner Ehe mit Catherine, dann Edward, Maria und Elisabeth festgelegt hatte, immer wieder gestellt haben. Die letzte Rede, die der König am Weihnachtsabend des Jahres 1545 vor dem Parlament gehalten hat, ist ein einzigartiges Dokument dieser drängenden Sorge Heinrichs VIII., sie ist damit zugleich sein politisches Vermächtnis.

Nachdem er sich – wie es die Tradition erforderte – für das ihm entgegengebrachte Vertrauen bedankt hatte, kam er schnell zu seinem Hauptanliegen: *Jedoch obwohl ich mit Euch und Ihr mit mir in jener vollkommenen Liebe und Eintracht lebt, so kann diese liebevolle Freundschaft nicht fortdauern, außer daß Ihr, meine weltlichen, und Ihr, meine geistlichen Herren, Euch darum bemüht, eines abzuändern, was mit Sicherheit falsch ist und sehr im Argen liegt und was ich Euch sehr herzlich anbefehle; es ist dies, daß unter Euch nicht Liebe und Eintracht, sondern Zwietracht und Uneinigkeit an allen Orten herrschen. Der heilige Paulus sagt im 1. Korintherbrief 13., die Liebe ist langmütig und freundlich, sie suchet nicht das Ihre, sie blähet sich nicht usw. Seht nun, was für Liebe unter Euch ist, wenn einer den anderen Ketzer und Wiedertäufer nennt und dieser wider den anderen als Papisten, Heuchler und Pharisäer schimpft ... Ich kann nicht umhin, die Schuld und den Anlaß für diese Zwietracht zum Teil in der Nachlässigkeit von Euch, den Vätern und Predigern der Geistlichkeit, zu sehen ... Ich sehe und höre jeden Tag, daß Ihr von der Geistlichkeit einer gegen den anderen predigt, daß einer das Gegenteil vom anderen lehrt und daß Ihr einander beschimpft ohne Liebe und Zartgefühl. Einige sind zu starr in ihrer rückwärtsgewandten Unduldsamkeit, andere sind zu eifrig in ihrer fortschrittlichen Zügellosigkeit. So leben fast alle Menschen in Streit und Zwietracht, und wenige oder keine predigen das Wort Gottes treu und wahrhaftig, wie sie es tun sollten ... Macht diese Verbrechen wieder gut – ich ermahne Euch*

Catherine Parr, sechste Ehefrau Heinrichs. Anonymes Gemälde. Windsor Castle, Royal Library

dazu –, und laßt Gottes Wort offenbar werden, sowohl durch die wahre Predigt wie auch durch das gute Beispiel. Sonst werde ich, den Gott hier zu seinem Diener und Gehilfen eingesetzt hat, meiner Pflicht gemäß dafür sorgen, daß diese Spaltungen ein Ende haben und daß die Verirrungen berichtigt werden; sonst wäre ich ein unnützer Diener und ein ungetreuer Beauftragter ... Obwohl, wie ich sagte, die Geistlichkeit einen Teil der Schuld dafür trägt, daß unter Euch keine Liebe herrscht, so seid Ihr weltlichen Herren ebensowenig frei von Bosheit und Neid, denn Ihr verspottet die Bischöfe, verleumdet die Priester und tadelt und verhöhnt die Prediger entgegen allen guten Sitten und dem Gebot zur christlichen Brüderlichkeit. Wenn Ihr ganz sicher seid, daß ein Bischof oder Prediger irrt oder eine falsche Lehre verkündet, dann kommt und sagt es jemandem aus unserem Rat oder uns, dem von Gott das hohe Amt übertragen ist, solche Dinge und Verhaltensweisen zu ordnen. Und maßt Euch nicht an, selbst über Eure eigenen phantastischen Meinungen und eitlen Darlegungen zu urteilen, denn in so hohen Dingen könnt Ihr leicht irren. Und obwohl Ihr die Heilige Schrift lesen dürft und das Wort Gottes in Eurer Muttersprache besitzen dürft, müßt Ihr einsehen, daß Euch dies nur zu tun erlaubt ist, um Euer Gewissen zu unterweisen und Eure Familie und Eure Kinder zu belehren.[186]

Ungeachtet dieser wahrhaft majestätischen Rede, die insbesondere beim Volk großen Eindruck machte, gingen die Ketzerverfolgungen unverändert weiter. Nachdem Heinrich VIII. mit Frankreich im Juni 1546 Frieden geschlossen und auch die Lage in Schottland sich entspannt hatte, begab er sich am 4. September 1546 – ohne auf sein immer schmerzhafter werdendes Beinleiden Rücksicht zu nehmen – auf die sommerliche Rundreise.

Rückblickend kann man die diplomatischen Aktivitäten des englischen Königs auch in diesen letzten Jahren von etwa 1545 bis 1547, die taktischen Finessen und Winkelzüge, mit denen er – wie seit Jahrzehnten – versuchte, den französischen König, die Machthaber in Schottland und auch Kaiser Karl V. gegeneinander auszuspielen, mehr bewundern als mit ihren verwirrenden Details verstehen; der nimmermüde Einsatz, die vielen Briefe und langen Gespräche mit den eigenen oder fremden Gesandten verliefen immer wieder ergebnislos.[187]

Im Winter 1546/47, der König stand in seinem 56. Lebensjahr, er konnte weder gehen noch stehen, sein Bein schmerzte höllisch und Fieberanfälle warfen ihn immer wieder aufs Krankenlager, entschloß er sich plötzlich, den ständig schwelenden Zwist zwischen Traditionalisten und Reformern zu entscheiden. Wann diese Entscheidung fiel, entzieht sich unserer Kenntnis, aber die Ereignisse im Dezember 1546 und im Januar 1547 erlauben den Schluß, daß Heinrich VIII. seinem Nachfolger einen einigen, im wesentlichen reformatorisch orientierten Staatsrat hinterlassen wollte. Zuerst wurde Stephen Gardiner, der Bischof von Winchester und führende Kopf des traditionalistischen Klerus, entmachtet. Er hatte sich geweigert, einem vom Staatsrat im Auftrag Heinrichs vorgeschlagenen Tausch von Ländereien zuzustimmen, und sich damit den erbitterten Zorn des Königs zugezogen.[188] Am 12. Dezember 1546 wurden plötzlich die weltlichen Führer der Traditionalisten, der Herzog von Norfolk und sein Sohn, der Graf von Surrey, wegen Hochverrats verhaftet und in den Tower geworfen. Neben Dienstbotengeschwätz gab es eigentlich nur ein Indiz, das die Anklage auf Hochverrat unter Umständen stützen konnte: beide trugen das Wappen Edwards des Bekenners auf einem Geviert ihres Familienwappens. Beiden wurde der Prozeß gemacht. Am 12. Januar 1547 unterschrieb Norfolk ein Geständnis; Surrey bestritt jede Schuld, wurde jedoch in der Londoner Guildhall von den Geschworenen schuldig gesprochen und am 19. Januar vor dem Tower enthauptet.

Thomas Howard,
dritter Herzog von Norfolk.
Gemälde von
Hans Holbein d. J.,
1538/39. Windsor Castle

Der Strafbeschluß gegen den Herzog von Norfolk wurde am 18. Januar im Parlament eingebracht, am 24. Januar in beiden Häusern verabschiedet und am Nachmittag des 27. Januar von Lordkanzler Wriothesley, St. John, Russell und Hertford im Namen des Königs entgegengenommen. Diese ungewöhnliche Eile war nötig, weil man das Verfahren gegen Norfolk noch ordnungsgemäß zu Ende bringen wollte. In seinem Palast in Whitehall nämlich lag der König im Sterben. Wenn Heinrich starb, würde das Parlament automatisch aufgelöst werden und der Beschluß wäre hinfällig gewesen.[189]

Den ganzen Dezember über war Heinrich immer wieder für Tage krank gewesen. Er und seine Räte hatten den ausländischen Gesandten gegenüber die Krankheit des Königs zwar heruntergespielt, doch wußte er wohl, daß der Tod bereits ums Haus ging. Heinrich kündigte an, er wolle seinen Sohn Edward zum Prinzen von Wales machen, und ließ bereits Vorbereitungen treffen, dieses Ereignis mit einem prächtigen Turnier zu feiern. Am 30. Dezember machte der König sein Testament: er bereute seine Sünden, vertraute seine Seele Gott an und schrieb nochmals die Thronfolge fest: 1. Prinz Edward und dessen Nachkommen, 2. Prinzessin Maria und deren Nachkommen, und 3. Prinzessin Elisabeth und deren

Nachkommen. Für seine beiden Töchter verfügte Heinrich noch, daß diese nur unter der Bedingung erbberechtigt wären, «daß sie nicht ohne die schriftliche Zustimmung der Mehrheit der dann noch lebenden Mitglieder des Regentschaftsrats heirateten, den er für seinen Sohn einsetzen wollte»[190]. Sechzehn Mitglieder sollte der Regentschaftsrat umfassen, darunter Cranmer, Wriothesley, Hertford, Lisle, St. John, Russell, Tunstall, Paget und Denny. Danach kümmerte sich der König, während die Königin sich in Greenwich aufhielt, um den Hochverratsprozeß gegen Norfolk und Surrey. Am 17. Januar 1547 ging es ihm gesundheitlich etwas besser, so daß er in Whitehall einige Gesandte empfangen konnte. Nur zehn Tage später nahte das Ende.

John Foxe verdanken wir einen eindringlichen und ausführlichen Bericht über die letzten Stunden und den Tod Heinrichs VIII.: «Schließlich, als die Ärzte merkten, daß er nicht davonkommen würde, es jedoch nicht wagten, ihn zu entmutigen, indem sie ihm seinen Tod anzeigten, aus Furcht vor dem durch das Parlament bestätigten Gesetz, wonach niemand etwas über den Tod des Königs sagen durfte (dieses Gesetz war nur wegen der Wahrsager und Zukunftsdeuter erlassen worden), baten sie diejenigen, die um den König waren, ihn an seinen sterblichen Zustand und an seine unheilbare Krankheit zu erinnern; und während alle sich fürchteten, ging Master Denny, dessen besondere Aufgabe es war, den König zu pflegen, tapfer zu ihm und sagte ihm, in welchem Zustand er sei und daß es nach menschlichem Ermessen nicht den Anschein habe, daß er noch länger leben könne. Somit ermahnte er ihn, sich auf den Tod vorzubereiten, sich an sein vergangenes Leben zu erinnern und die Barmherzigkeit und Gnade Gottes anzurufen ... Denny ... verlangte zu wissen, ob er gern einen gelehrten Mann kommen lassen wolle, mit dem er sich unterhalten und dem er sein Herz öffnen könne. Darauf antwortete der König: Wenn er jemanden wünsche, dann sei dies der Dr. Cranmer, der in Croydon selbst krank lag. Master Denny fragte darauf den König, ob er wünsche, daß man ihn hole. ‹Ich werde zuerst ein wenig schlafen›, sagte der König, ‹danach werde ich mich entscheiden, je nachdem, wie ich mich fühle.› Ein oder zwei Stunden später erwachte der König, und da er spürte, daß er immer schwächer wurde, befahl er, den Dr. Cranmer holen zu lassen. Bevor dieser jedoch ankam, hatte er die Sprache verloren und war fast ohne Bewußtsein. Als er jedoch bemerkte, daß der Dr. Cranmer gekommen war, streckte er ihm die Hand entgegen und hielt sie fest, ohne ihm jedoch ein Wort sagen oder ein Zeichen geben zu können. Daraufhin ermahnte der Erzbischof ihn, sein Vertrauen in Christus zu setzen und seine Barmherzigkeit zu erflehen, und forderte ihn auf, wenngleich er nicht sprechen könne, ihm doch ein Zeichen mit den Augen oder mit der Hand zu geben, um zum Ausdruck zu bringen, daß er sich dem Herrn anbefehle. Der König, der seine Hand hielt, drückte sie daraufhin, so stark er es vermochte. Und kurze Zeit danach verschied er.»[191]

Das Testament Heinrichs VIII.

Es war eine bitterkalte Nacht, alle Flüsse waren zugefroren und die Straßen vereist; die Nacht vom 27. auf den 28. Januar 1547; gegen zwei Uhr morgens starb König Heinrich VIII. Der spätere Bericht von John Foxe enthält wohl nur einen, allerdings einen bedeutsamen Irrtum: Thomas Cranmer war nicht als ‹gelehrter Mann› zu Heinrich gerufen worden, sondern wohl – was der engagierte reformatorische Publizist entweder nicht mehr verstand oder verstehen wollte – um dem König die Beichte abzunehmen und ihm das Sakrament der Letzten Ölung zu spenden.

Der Tod des Königs wurde vom Staatsrat zunächst geheimgehalten; mit Hilfe des Unterschriftenstempels des Königs gelang es Hertford, sich selbst und seine Anhänger an die Macht zu bringen. Die für den Morgen des 28. Januar anberaumte Hinrichtung Norfolks wurde aufgeschoben, und Hertford ließ Edward in den Tower bringen; am 31. Januar erst wurde der Tod des Königs offiziell bekanntgegeben und Edward als Edward VI. zum König ausgerufen. Im nun verlesenen Testament des Königs wurde Hertford zum Herzog von Somerset und zum Protektor des jugendlichen Königs Edward ernannt.[192] Von einem Regentschaftsrat war keine Rede mehr. Während im Staatsrat die Verfügungen des verstorbenen Königs binnen Tagesfrist dem eigenen Ehrgeiz geopfert wurden, trauerte die Stadt London, trauerte das ganze Land um seinen König, den Inbegriff königlicher Majestät und absoluter Macht.

Jahrzehnte später machte immer wieder das Gerücht die Runde, daß seine sterblichen Überreste keine dauerhafte Ruhe an der Seite Jane Seymours, seiner dritten Gattin und Mutter des Thronerben gefunden hätten. In der Regierungszeit seiner Tochter Maria (1553–58), der Zeit der katholischen Restauration in England, soll Heinrichs Grabmal von Kardinal Pole geöffnet und der Leichnam des unbelehrbaren Schismatikers verbrannt worden sein.[193]

Bilanz: Die Regierungszeit Heinrichs VIII.

Als Heinrich VIII. am 28. Januar des Jahres 1547 verstarb, hatte er England für 37 Jahre, 9 Monate und 7 Tage regiert. Während dieser Zeit war aus dem strahlend schönen, athletischen jungen Mann, einem anerkannt guten Tänzer, Tennisspieler, Jäger, Bogenschützen und Turnierkämpfer, ein fettleibiger, durch Wassereinlagerungen aufgeschwemmter, bewegungsunfähiger Koloß geworden, der die Hilfe mehrerer Diener und eines Flaschenzugs benötigte, um in sein eigenes Bett zu kommen.

Aber nicht nur das Äußere des Königs hatte sich in dieser fast achtunddreißigjährigen Regierungszeit verändert, auch sein Reich hatte einen bedeutsamen Wandel erlebt. Die Grundlage für eine moderne Kriegsflotte war geschaffen, die Küste mit Festungsbauten modernster Wehrtechnik gesichert, die nähere Umgebung von London mit einer Vielzahl von Palästen und Residenzen verschönt. Eine vom Papst unabhängige Staatskirche mit dem König als Oberhaupt war gegründet worden und – entscheidender noch – das Parlament hatte sich im Zuge der Trennung von Rom zu einem unverzichtbaren, souveränen Instrument der Legislative entwickelt. Ob all diese Veränderungen, deren Großteil sich in den dreißiger Jahren des 16. Jahrhunderts vollzog, es allerdings erlauben, mit Sir Geoffrey Elton von einer Revolution zu reden [194], darf wohl bezweifelt werden. Und dies um so mehr, als es gerade der neuesten Forschung gelungen ist, eine der zentralen Säulen der Beweisführung Eltons als nicht tragfähig zu erweisen. Es ist nämlich keineswegs gesichert, daß Thomas Cromwell den Staatsrat bewußt in ein sehr viel kleineres und effektiver arbeitendes Beratergremium, das Privy Council, umgestaltet hat.[195]

Der persönliche Anteil des Königs an den Veränderungen ist zwar in vielen Details nicht klar erkennbar, die Grundzüge der Politik jedoch setzte in jedem Fall er fest. Weder Thomas Wolsey noch später Thomas Cromwell hätten es gewagt, in wichtigen Fragen ohne den König zu handeln. Selbstverständlich werden sie ihn, wie die anderen Mitglieder des Staatsrates auch, immer wieder mit geschickt ausgewählten Informationen in ihrem Sinne beeinflußt haben. Heinrich VIII. jedoch als Marionette am Gängelband seiner führenden Minister (oder einer seiner Frauen) anzusehen, dies ist eine absurde Vorstellung, die darüber hinaus durch eine Vielzahl von zeitgenössischen Quellen, die bezeugen, daß Heinrich sich selbst auf der Jagd täglich über alle Tagesereignisse unterrichten ließ, widerlegt wird.

War schon unter den Zeitgenossen die Beurteilung der politischen Leistungen Heinrichs VIII. heftig umstritten, so gilt dies in gleichem Maße für die folgenden Jahrhunderte. Der entscheidende Makel, der auf seine Regierungszeit fällt, ist die nicht endende Kette von Todesurteilen und Hinrichtungen. Es spielt dabei im Grunde keine Rolle, ob es nun 60000 oder auch 72000 waren, die während Heinrichs VIII. Regierungszeit verurteilt und hingerichtet worden sind – erschreckend hoch ist die Zahl auf jeden Fall.[196] Es führt allerdings auch zu nichts, diese Zahl mit den auf Befehl Hitlers ermordeten rund sechs Millionen Juden oder der noch bedeutend größeren Zahl der unter Stalins Herrschaft Gemordeten zu vergleichen, wie dies etwa Jasper Ridley tut.[197] Die Zahlen sind und bleiben erschreckend hoch; man sollte jedoch nicht vergessen, daß die überwiegende Mehrzahl der Todesurteile auf das Konto eines drakonischen Strafrechts zu buchen sind, das selbst für einfachen Diebstahl und Landstreicherei die Todesstrafe festschrieb. Aber auch dies ändert nichts daran, daß in vielen anderen Fällen im Namen der Regierung des Königs offenkundige Justizmorde verübt wurden.

Unabhängig davon, wie man die Persönlichkeit Heinrichs beurteilt, ob er verschlagen, zynisch und grausam gewesen ist, seine politische Lebensleistung ist unbestreitbar, obwohl auch sie – wie sein Charakter – zum Teil von gegenreformatorischen Propagandisten immer wieder diskreditiert wurde. In der Regierungszeit Heinrichs VIII. wurde das souveräne Parlament, und damit die Vertretung des Volkes, zu einem unverzichtbaren Partner der Krone. Im Laufe des langwierigen Prozesses um die Annullierung der ersten Ehe des Königs fand England nicht nur zu einer vom Papst

unabhängigen Staatskirche, es fand zugleich zu seiner nationalen Identität. Verkünder und Sachwalter dieses insularen Nationalismus wurde der König, der damit der allgemeinen Stimmung weiter Kreise seiner Untertanen eine konkrete Form verlieh. Die gesamte Außenpolitik Heinrichs, vom Londoner Vertrag des Jahres 1518 bis hin zum geschickten Taktieren im europäischen Kräftespiel zwischen Frankreich und dem Kaiser in den letzten Jahren seiner Herrschaft, läßt bereits die für die nächsten vier Jahrhunderte so bedeutsame Maxime der englischen Außenpolitik, das Gleichgewicht aller kontinentaleuropäischen Kräfte (balance of power), in Umrissen erkennen.

In der Regierungszeit Heinrichs VIII. wurden – mit bisweilen brutalen, unmoralischen Mitteln – die politischen Voraussetzungen geschaffen, die es seiner Tochter Elisabeth I. ermöglichten, England für Jahrzehnte in Sicherheit und Wohlstand zu regieren. Elisabeth war es denn auch, die in den meisten der von ihrem Vater nicht mehr gelösten Fragen vernünftige Kompromisse fand. Den religiösen Dissens legte sie durch einen gemäßigten Reformkurs weitgehend bei, und auch mit dem Schottenkönig Jakob

Heinrich VIII. und seine Familie. Gemälde, vermutlich von Hans Eworth, um 1570. Heinrich übergibt seinem Sohn Edward das Schwert der Gerechtigkeit. Rechts die künftige Elisabeth I. mit den allegorischen Gestalten des Friedens und des Wohlstands. Links Maria I. und Philipp von Spanien mit dem Kriegsgott

VI., dessen Mutter Maria Stuart sie 1587 hatte hinrichten lassen, vermochte sie sich zu einigen, so daß er ihr 1603 als Jakob I. von England auf dem Thron folgte und damit die Kronen Englands und Schottlands zusammenführte. Dies, wie auch die einzigartige kulturelle Hochblüte Englands in den Jahren 1580 bis 1620, die der Nachwelt zumeist in der Dichterpersönlichkeit William Shakespeares konkretisiert erscheint, ist undenkbar ohne die politischen Entscheidungen Heinrichs VIII. Mit J. J. Scarisbrick bleibt darum abschließend festzuhalten: «Auf mannigfache Weise prägte Heinrichs Regierungszeit den Geist, das Gefühl und das Gesicht Englands nachhaltiger und tiefer als irgendein anderes Ereignis zwischen der normannischen Eroberung und der industriellen Revolution.»[198]

Anmerkungen

In Einklang mit der Reihenkonzeption werden im folgenden nur knappste Hinweise und die Zitatnachweise geboten. Folgende Abkürzungen werden durchgängig benutzt:

Allen	Erasmus von Rotterdam, Opus Epistolarum Des. Erasmi Roterodami, hg. von P. S. Allen, H. M. Allen und H. W. Garrod, 12 Bde. Oxford 1906–1958
Augenzeugenberichte	E. Jacobs und E. de Vitray (Hg.), Heinrich VIII. von England in Augenzeugenberichten. Düsseldorf 1969 u. ö.; zitiert wird die 1980 erschienene dtv-Ausgabe
Hall	E. Hall, The Union of the Two Noble and Illustre Famelies of York and Lancaster. London 1548/ND Menston 1970
LP	Letters and Papers, Foreign and Domestic, of the Reign of Henry VIII, 1509–1547, hg. von J. S. Brewer et alii. London 1862–1932
Ridley	J. Ridley, Heinrich VIII. Eine Biographie (1984). Zürich 1990
Scarisbrick	J. J. Scarisbrick, Henry VIII. London 1968
SpCal	Calendar of Letters, Despatches, and State Papers Relating to the Negotiations between England and Spain, hg. von G. A. Bergenroth et alii. London 1862–1954
StP	State Papers during the Reign of Henry VIII, 11 Bde. London 1830–1852
VenCal	Calendar of State Papers and Manuscripts Relating to English Affairs in the Archives of Venice and other Libraries in Northern Italy, hg. von R. Brown et alii. London 1864–1947
Vergil	P. Vergil, The Anglica Historia of Polydore Vergil, hg. von D. Hay, Camden Society Bd. 74. London 1950

1 R. J. Unstead, Looking at History: Tudors and Stuarts. London [1953] u. ö., 93 f
2 L. B. Smith, Henry VIII. The Mask of Royalty. London 1971
3 A. F. Pollard, Henry VIII. London 1902/ND 1963 (deutsche Übersetzung nach Augenzeugenberichte, 13)
4 Augenzeugenberichte
5 Vgl. Scarisbrick, 3
6 Vgl. die Quellen bei Scarisbrick, 3–4
7 Lord Edward Herbert (of Cherbury), The life and raigne of King Henry the eighth, London 1649, 2
8 Allen I, 1
9 Erasmus v. Rotterdam, Ausgewählte Schriften, hg. von W. Welzig, Bd. 2, Darmstadt 1975, Nr. 20: Prosopopeia Britanniae maioris, S. 318–327, Zitat: 327
10 Vgl. zu John Skelton allgemein W. Nelson, John Skelton Laureate, New York 1939, und jüngst G. Walker, John Skelton and the Politics of the 1520s, Cambridge 1988
11 LP I, 2656 (5)
12 Vgl. W. Nelson, John Skelton, 15
13 Vgl. Scarisbrick, 5–6
14 LP IV, 5412
15 Correspondencia de Gutierre Gomez de

Fuensalida, hg. von Duque de Berwick y de Alba, Madrid 1907, 449

16 Vgl. Scarisbrick, 6–7

17 Letters and Papers... of Henry VII, I, 413

18 Vgl. insgesamt im Literaturverzeichnis die Studien zu Heinrich VII.

19 Vgl. Scarisbrick, 7–8 und insbes. 163–197 über das kanonische Eherecht

20 SpCal I, 435 (deutsche Übersetzung nach Augenzeugenberichte, 32)

21 Vatican Archives (Rom), Arm. XXXIX, 23, fol. 689 (vgl. S. Ehses, Römische Dokumente zur Geschichte der Ehescheidung Heinrichs VIII. von England, 1527–1534, Paderborn 1893, xliii f)

22 Vgl. ausführlicher Scarisbrick, 9–10

23 Vgl. insges. SpCal I, 354ff; Letters and Papers... of Henry VII, I, 134ff; I, 189ff; II, 106ff

24 Vgl. hierzu mit vielen Details G. Mattingly, Catherine of Aragon, London 1950

25 Vgl. Scarisbrick, 11

26 Allen I, 215 (deutsche Übersetzung nach Augenzeugenberichte, 33)

27 Vgl. die Quellen, die R. Lockyer (Henry VII., Seminar Studies in History. London 1968/ND 1978, 108–145) in Auswahl zusammenstellt; vgl. darüber hinaus die im Literaturverzeichnis aufgeführte Literatur zu Heinrich VII.

28 LP I, 559; Hall, 515

29 N. Machiavelli, Der Fürst, übersetzt und hg. von R. Zorn, 4. Aufl. Stuttgart 1972, Kap. XVII, S. 68; vgl. T. Stemmler (Hg.), Die Liebesbriefe Heinrichs VIII. an Anna Boleyn. Zürich 1988, 45

30 Correspondencia de... Fuensalida, 518ff

31 Correspondencia de... Fuensalida, 518ff; LP I, 84; vgl. ebenfalls G. Mattingly, Catherine of Aragon, 93f, und Scarisbrick, 12–13

32 Thomas More, Latin Poems, hg. von C. H. Miller, L. Bradner, C. A. Lynch und R. P. Oliver, The Complete Works of St. Thomas More, Bd. 3/II. New Haven; London 1984, Nr. 19; Thomas Morus, Epigramme, übersetzt, eingeleitet und kommentiert von U. Baumann, Thomas Morus, Werke Bd. 2. München 1983, Nr. 1 (68–75)

33 LP III, 402 (deutsche Übersetzung nach Augenzeugenberichte, 33–34)

34 Vgl. insgesamt Scarisbrick, 15–16

35 LP I, 368 (deutsche Übersetzung nach Augenzeugenberichte, 35–36)

36 LP I, 5 (ii); vgl. ebenfalls VenCal II, 11

37 Vgl. Quellen und Darstellung bei Scarisbrick, 21–24

38 Vgl. hierzu mit vielen Details Scarisbrick, 25–27

39 Hall, 520ff; vgl. ebenfalls LP I, 880 und I, 2576

40 Vgl. bes. P. S. und H. M. Allen (Hg.), The Letters of Richard Fox, Oxford 1929, 57f; vgl. ebenfalls Thomas Morus, Epigramme, 44–48

41 Hall, 528ff; LP I, 1326f; I, 1422; I, 1458; Vergil, 177ff

42 Vgl. Quellen und ausführliche Darstellung bei Scarisbrick, 33–34

43 Vgl. z. B. VenCal II, 225; LP I, 1568; I, 1572; I, 1629; I, 1726ff; vgl. insgesamt die etwas zu enthusiastische, aber dennoch wertvolle Studie von E. Law, England's First Great War Minister. London 1916

44 SpCal II, 68; II, 70; II, 91; II, 105f; II, 118; LP I, 1511; I, 1736; I, 2006

45 Vgl. die Quellen bei Scarisbrick, 34

46 Vgl. nur die wichtigsten Quellen LP I, 1939; I, 1950; I, 2053 (2); I, 2065; Hall, 539; VenCal II, 250ff

47 Vgl. Scarisbrick, 32–33

48 Mémoires de Martin Du Bellay, hg. von Petito, Bd. 1, Paris 1820, 11ff (deutsche Übersetzung nach Augenzeugenberichte, 42)

49 Vgl. bes. LP I, 2170

50 John Taylor, B. M. Cleo, C v fol. 64ff (LP I, 2391; deutsche Übersetzung nach Augenzeugenberichte, 43); vgl. ebenfalls LP I, 2208; I, 2227; I, 2302

51 LP I, 4451 (deutsche Übersetzung nach Augenzeugenberichte, 44); vgl. ebenfalls Vergil, 221

52 Vgl. zu Thomas Wolsey insbes. A. F. Pollard, Wolsey. London 1929; Scarisbrick, 41ff und die übrigen im Literaturverzeichnis zusammengestellten Studien; auf eine Darstellung und Analyse der Innenpolitik Wolseys, insbesondere auf die juristischen und verwaltungstechnischen Neuerungen, muß im folgenden verzichtet werden

53 Vgl. hierzu die knappen Analysen von

U. Suerbaum, Das Elisabethanische Zeitalter. Stuttgart 1989, 75–79 und 128–137, und von J. A. Guy, Tudor England. Oxford 1988/ND 1990, 154–177
54 G. Cavendish, The Life and Death of Cardinal Wolsey. London 1959, 12–13
55 Vgl. Scarisbrick, 41 ff, bes. die prägnante Formel (43): «neither the wisdom of Solomon nor the patronage of angels would have availed Wolsey if the king had not wanted him to be his leading servant» (weder die Weisheit Salomos noch die Fürsprache von Engeln hätte Wolsey etwas genützt, wenn der König selbst ihn sich nicht als seinen führenden Minister gewünscht hätte)
56 Scarisbrick, 43
57 Allen II, 69–70
58 Vgl. LP II, 666; II, 1300; II, 2500; VenCal II, 635, 671, 788, 801, 875 und 878
59 LP I, S. 89 f (deutsche Übersetzung nach Augenzeugenberichte, 63–64)
60 A. F. Pollard, Wolsey. London 1929
61 Vgl. mit vielen Einzelheiten Scarisbrick, 46–56 und Ridley, 88–107
62 Scarisbrick, 50
63 Ridley, 93–94
64 Vgl. die Quellen bei Scarisbrick, 50 ff
65 Vgl. Scarisbrick, 52
66 Vgl. Scarisbrick, 55 ff und Ridley, 78 ff
67 VenCal II, 188 (deutsche Übersetzung nach Augenzeugenberichte, 110)
68 Vgl. die Quellen und die detaillierte Analyse bei Scarisbrick, 56 ff und Ridley, 82 ff
69 Vgl. Scarisbrick, 59 ff; Ridley, 98 ff
70 Vgl. Scarisbrick, 63 ff; Ridley, 104 ff
71 Vgl. Scarisbrick, 70 ff und bes. W. Busch, Drei Jahre englischer Vermittlungspolitik: 1518–1521, Bonn 1884
72 Vgl. Scarisbrick, 70 ff; Ridley, 118 ff
73 Mémoires de Martin Du Bellay, Bd. 1, 108 f (deutsche Übersetzung nach Augenzeugenberichte, 73)
74 Ridley, 125
75 Vgl. Scarisbrick, 79 ff; Ridley, 125 ff
76 Vgl. Quellen und detaillierte Analysen bei Scarisbrick, 88 ff und Ridley, 141 ff
77 Vgl. mit vielen Einzelheiten Scarisbrick, 97 ff
78 Vgl. im Literaturverzeichnis die Titel zu Heinrichs Auseinandersetzung mit Martin Luther
79 U. Suerbaum, Das Elisabethanische Zeitalter, 79
80 B. M. Vit. B xii, fol. 123^v (LP IV, 5774); vgl. Scarisbrick, 13, Anm. 2
81 LP II/1, S. 200
82 Vgl. hierzu im Detail J. Dewhurst, The Alleged Miscarriages of Catherine of Aragon and Anne Boleyn, in: Medical History 28 (1984), 49–56 sowie allgemein G. Mattingly, Catherine of Aragon
83 In der Regierungszeit Marias (1553–58), insbesondere nach ihrer Heirat mit Philipp II. von Spanien (1554), entstand dieses Problem tatsächlich und gefährdete nachhaltig die Sicherheit im Reich. Und auch Elisabeth I. (1558–1603) wußte sehr genau, warum sie zeit ihres Lebens in der europäischen Öffentlichkeit immer wieder von einer baldigen Eheschließung ihrerseits redete, es aber auch klugerweise bei diesem Gerede beließ
84 Augenzeugenberichte, 109 (Kommentar d. Herausgeber)
85 Scarisbrick, 430; zit. n. der Übersetzung bei T. Stemmler (Hg.), Die Liebesbriefe Heinrichs VIII. an Anna Boleyn, 31
86 T. Stemmler (Hg.), Die Liebesbriefe Heinrichs VIII. an Anna Boleyn. Im folgenden zitiere ich die Briefe Heinrichs nach dieser Ausgabe als ‹Liebesbriefe›, mit Nummern- und Seitenzählung
87 T. Stemmler (Hg.), Die Liebesbriefe Heinrichs VIII. an Anna Boleyn, 8
88 Liebesbriefe, Nr. 3, S. 92–95 (Original in französischer Sprache)
89 Liebesbriefe, Nr. 14, S. 136–139 (Original in englischer Sprache)
90 Vgl. hierzu mit vielen Einzelheiten V. M. Murphy, The Debate over Henry-VIII's First Divorce: An Analysis of the Contemporary Treatises. Diss. Cambridge 1984 und The Divorce Tracts of Henry VIII, hg. von E. Surtz and V. Murphy, Angers 1988, bes. i–xliv
91 Vgl. zu Anne Boleyn die vorzügliche Biographie von E. W. Ives, Anne Boleyn, Oxford 1986/ND 1988
92 Im Interesse einer systematisch orientierten Darstellung umgreift dieses ‹bald› einen Zeitraum von gut zwei Jahren, in dem sich vermutlich Heinrichs

und Wolseys Meinungen formten (vgl. insges. Scarisbrick, 163 ff)
93 Scarisbrick, 194–197
94 G. R. Elton, Studies in Tudor and Stuart Politics and Government, Bd. 1. Cambridge 1974, 104
95 Vgl. Scarisbrick, 194 f und 228 ff; Ridley, 196 ff
96 H. Thieme, Die Ehescheidung Heinrichs VIII. und die europäischen Universitäten, in: Thomas-Morus-Gesellschaft, Jahrbuch 1985/86, Düsseldorf 1986, 85–101, Zitat: 87
97 LP IV, 5791
98 StP I, 189
99 Eine der wenigen Ausnahmen ist Scarisbrick, 202 ff, dessen Argumente mehr Beachtung verdienten, als ihnen bisher zuteil wurde
100 Vgl. hierzu mit vielen Einzelheiten Scarisbrick, 198 ff und Ridley, 172 ff
101 Liebesbriefe, Nr. 16, S. 144–147 (Original in englischer Sprache)
102 LP IV/3, 5702 (deutsche Übersetzung nach Augenzeugenberichte, 120–121)
103 B. M. Vit, B xi, fol. 175
104 Cavendish, 90. Für Cavendish ist Heinrich ohne jeden Zweifel der Initiator dieser Demonstration
105 Vgl. hierzu Quellen und Analyse bei Scarisbrick, 228–237 und E. W. Ives, Anne Boleyn, 131–152
106 Liebesbriefe, Nr. 11, S. 124–127 (Original in englischer Sprache)
107 Vgl. LP IV, 4408 und StP I, 312–318; vgl. ebenso Ridley, 189 ff
108 In George Cavendishs zeitgenössischer Biographie Wolseys macht dieses letzte Jahr des entmachteten Kardinals etwa die Hälfte des Gesamtumfangs aus; vgl. mit vielen Einzelheiten A. F. Pollard, Wolsey, Kap. 7
109 Cavendish, 178–179
110 LP IV/3, 6757 (deutsche Übersetzung nach Augenzeugenberichte, 123–124)
111 Vgl. hierzu Quellen und Analyse bei J. A. Guy, The Public Career of Sir Thomas More. Brighton 1980, bes. 35 ff
112 Vgl. hierzu Quellen und Analyse bei J. A. Guy, The Public Career, 35 ff und Scarisbrick, 228 ff
113 Vgl. zur Biographie Mores die Quellen bei H.-P. Heinrich, Thomas Morus, rororo-bildmonographien. Reinbek 1984, bes. 82 ff und R. Marius, Thomas More, A Biography. London, Melbourne 1985, bes. 142 ff und 264 ff
114 Vgl. dazu Mores berühmten Brief an Thomas Cromwell vom 5. März 1534, in: E. F. Rogers (Hg.) The Correspondence of Sir Thomas More. Princeton 1947, Nr. 199
115 Vgl. dazu mit vielen Einzelheiten Scarisbrick, 198 ff
116 Hall (hg. von Whibley) II, 164 f (zit. nach der deutschen Übersetzung in R. W. Chambers, Thomas More, Ein Staatsmann Heinrichs des Achten, München, Kempten 1946, 301)
117 Vgl. die Details bei J. A. Guy, The Public Career, bes. 128 ff
118 Vgl. die Belege bei Scarisbrick, 259–260
119 Vgl. insgesamt mit vielen Einzelheiten The Divorce Tracts of Henry VIII., und V. Murphy, The Debate over Henry VIII's First Divorce
120 Vgl. Scarisbrick, 255 ff
121 Vgl. mit einer Fülle von Details und Belegen S. E. Lehmberg, The Reformation Parliament 1529–1536. Cambridge 1970, 76–104
122 Vgl. insbes. G. R. Elton, Thomas Cromwell's Decline and Fall, in: Cambridge Historical Journal 10 (1951), 150–185; ders., King or Minister? The Man Behind the Henrician Reformation, in: History 39 (1954), 216–232; J. A. Guy, Tudor England. Oxford 1988/ND 1990, bes. 154 ff
123 Vgl. die Belege bei Scarisbrick, 249
124 Vgl. die reichen Belege bei Scarisbrick, 261 ff und R. Koebner, The Imperial Crown of This Realm: Henry VIII., Constantine the Great, and Polydore Vergil, in: Bulletin of the Institute of Historical Research 26 (1953), 29–52
125 Vgl. Scarisbrick, 264 ff; G. D. Nicholson, The Nature and Function of Historical Argument in the Henrician Reformation. Diss. Cambridge 1977; V. Murphy, The Debate over Henry VIII's First Divorce
126 LP IV, 6699 (vgl. R. B. Merriman, The Life and Letters of Thomas Cromwell. Oxford 1902, I, 334)
127 Vgl. mit vielen Einzelheiten J. A. Guy, The Public Career, 130 ff
128 Vgl. die Belege bei S. E. Lehmberg, The Reformation Parliament, 109 ff
129 Hall (hg. von Whibley) II, 185 ff

130 Vgl. S. E. Lehmberg, The Reformation Parliament, 128 ff und J. A. Guy, The Public Career, 159 ff
131 Vgl. Ridley, 225
132 Augenzeugenberichte, 129. Vgl. insges. auch S. E. Lehmberg, The Reformation Parliament, 145 ff
133 Vgl. mit vielen Details und Belegen J. A. Guy, The Public Career, 175 ff
134 Vgl. Scarisbrick, 308 ff
135 Ridley, 239
136 Augenzeugenberichte, 196
137 LP VI, S. 149 f (deutsche Übersetzung nach Augenzeugenberichte, 138 f)
138 Vgl. mit zusätzlichen Details und mit den Belegen Scarisbrick, 323 ff; S. E. Lehmberg, The Reformation Parliament, 182 ff; Ridley, 258 ff
139 Vgl. die Belege bei S. E. Lehmberg, The Reformation Parliament, 203
140 Vgl. LP VII, 962; XIII (2), 803; Hall, 815 f; vgl. ebenfalls Ridley, 266–267
141 Vgl. dazu weitere Einzelheiten und die Belege bei S. E. Lehmberg, The Reformation Parliament, 201 ff
142 The Rastell Fragments, The life and death of Sir Thomas More, knight, sometymes Lord high Chancellor of England, by Nicholas Harpsfield, hg. von E. V. Hitchcock, London, New York, Toronto 1932/ND 1963, App. I, S. 229 (deutsche Übersetzung nach Augenzeugenberichte, 168)
143 Vgl. die Belege und ihre Diskussion bei S. E. Lehmberg, The Reformation Parliament, 204 ff
146 Augenzeugenberichte, 164
145 LP VIII, 876 (deutsche Übersetzung nach Augenzeugenberichte, 165 f)
146 Vgl. zum Prozeß gegen Thomas More mit vielen Details und allen Belegen H. Schulte Herbrüggen, The Process of Sir Thomas More, in: Law Quarterly Review 99 (1983), 113–136
147 LP VIII, 985 (deutsch nach der Übersetzung bei Ridley, 276)
148 Hall, 817 (deutsch nach der Übersetzung bei Ridley, 276)
149 LP VI, 1164 und 1249. Vgl. Scarisbrick, 331
150 LP IX, 42 (deutsche Übersetzung nach Augenzeugenberichte, 176 f)
151 LP X, 364 (deutsche Übersetzung nach Augenzeugenberichte, 178 f)
152 LP XI, 42 (deutsche Übersetzung nach Augenzeugenberichte, 180). Vgl. insgesamt auch Scarisbrick, 337 ff und Ridley 277 ff
153 Augenzeugenberichte, 199–200
154 LP X, 199 (deutsche Übersetzung nach Augenzeugenberichte, 200). Vgl. insgesamt auch mit vielen weiteren Einzelheiten E. W. Ives, Anne Boleyn, Oxford 1986, 335 ff
155 E. W. Iwes, bes. 358 ff
156 Augenzeugenberichte, 207
157 Augenzeugenberichte, 233–234
158 LP XIII (2), 1087 (deutsche Übersetzung nach Augenzeugenberichte, 183). Vgl. insgesamt neben Scarisbrick, 337 ff und Ridley, 281 ff auch die übrigen im Literaturverzeichnis zusammengestellten Studien zur Religionspolitik in den dreißiger und vierziger Jahren
159 Vgl. zur ‹Pilgrimage of Grace› insbes. die im Literaturverzeichnis zusammengestellten Studien von C. S. L. Davies, M. H. und R. Dodds und S. M. Harrison (jeweils mit vielen Einzelheiten und anregender Diskussion); vgl. ebenso Scarisbrick, 338 ff und Ridley, 317 ff
160 LP XII (2), 911 (deutsche Übersetzung nach Augenzeugenberichte, 217)
161 LP XII (2), 1004 (deutsche Übersetzung nach Augenzeugenberichte, 218)
162 Augenzeugenberichte, 215. Vgl. allgemein zur politischen Situation auch Scarisbrick, 355 ff und Ridley, 364 ff
163 LP XII (2), 1187 (deutsche Übersetzung nach Augenzeugenberichte, 220)
164 LP XIV (2), 400 (vgl. ebenfalls Scarisbrick, 358 f)
165 Vgl. die Belege und weitere Details bei Scarisbrick, 369 ff und Ridley, 374 ff
166 Vgl. Scarisbrick, 371
167 LP XV, 823 (deutsche Übersetzung nach Augenzeugenberichte, 228 f)
168 Vgl. Belege und Diskussion bei Scarisbrick, 376 ff und Ridley, 379 ff
169 Augenzeugenberichte, 246
170 The Acts and Monuments of John Foxe, hg. von J. Pratt. London 1877/ND New York 1965, V, 434–438 (vgl. ebenfalls Ridley, 384)
171 LP XVI, 106 (deutsche Übersetzung nach Augenzeugenberichte, 238)
172 LP XVI, 1134 (deutsche Übersetzung nach Augenzeugenberichte, 260–261)
173 Vgl. Ridley, 406 f
174 LP XVII, 177; vgl. Ridley, 407–408

175 StP I, 659; StP III, 304–310; 323–325; LP XVI, 927 und 974
176 Vgl. insgesamt mit vielen Einzelheiten und allen Belegen Scarisbrick, 424 ff und Ridley, 424 ff
177 Ridley, 430–431
178 SpC VIII, 101 (deutsche Übersetzung nach Augenzeugenberichte, 354)
179 LP XVIII (1), 873 (deutsche Übersetzung nach Augenzeugenberichte, 278)
180 Vgl. dazu in aller Kürze zuletzt U. Suerbaum, Das Elisabethanische Zeitalter. Stuttgart 1989, bes. 109 ff
181 The Acts and Monuments of John Foxe VIII, 28–31; M. Parker, De Antiquitate Britannicae Ecclesiae & Priuilegiis Ecclesiae Cantuariensis, cum Archiepiscopis eiusdem LXX, London 1572, 392–393; LP XVIII (2), 546. Vgl. auch Ridley, 419 ff
182 The Acts and Monuments of John Foxe V, 254 ff (deutsche Übersetzung nach Augenzeugenberichte, 375)
183 Vgl. Ridley, 446 und J. Ridley, Thomas Cranmer. Oxford 1962
184 Vgl. weitere Einzelheiten und die Belege bei Ridley, 450–452
185 The Acts and Monuments of John Foxe V, 553 ff
186 M. St. C. Byrne (Hg.), The Letters of King Henry VIII. London 1936, 418 ff (deutsche Übersetzung nach Augenzeugenberichte, 363–365)
187 Vgl. mit vielen Einzelheiten Scarisbrick, 458 ff
188 The Acts and Monuments of John Foxe VI, 138 f
189 Vgl. Details und Belege bei Scarisbrick, 482 ff und Ridley, 460 ff
190 Ridley, 462–463
191 The Acts and Monuments of John Foxe V, 692 (deutsche Übersetzung nach Augenzeugenberichte, 386 f)
192 Vgl. zu den Details J. A. Guy, Tudor England, 196 ff
193 Vgl. Scarisbrick, 497. Ob diese Gerüchte auf einen wahren Kern zurückgehen, muß offenbleiben
194 Vgl. die im Literaturverzeichnis zusammengestellten, außerordentlich anregenden und einflußreichen Studien von G. Elton
195 Vgl. zuletzt mit vielen Belegen J. A. Guy, Tudor England, 154 ff
196 Vgl. die Belege für die Zahlen bei Ridley, 313
197 Ridley, 313
198 Scarisbrick, 499

Zeittafel

1491	28. Juni: Geburt Heinrichs als zweiter Sohn Heinrichs VII. und seiner Ehefrau Elisabeth (von York)
1501	14. und 15. November: Heirat Arthurs, des ‹Prinzen von Wales›, mit Katharina von Aragon
1502	2. April: Tod Arthurs
1503	18. Februar: Heinrich erhält den Titel ‹Prinz von Wales›
	23. Juni: Heiratsvertrag zwischen Heinrich und Katharina
	26. Dezember: Päpstliche Dispens für diese Heirat
1505	27. Juni: Einspruch Heinrichs gegen den Heiratsvertrag
1509	21. April: Tod Heinrichs VII.
	11. Juni: Heinrich VIII., König von England und Frankreich, Lord von Irland, heiratet Katharina von Aragon
1511	13. November: Bündnis zwischen England, Spanien und Kaiser Maximilian gegen Frankreich, die sogenannte Heilige Liga
1512	Thomas Wolsey wird wichtigster ‹Minister› des Königs
	April–Oktober: Verhängnisvolle englische Expedition nach Fuentarrabia (in der Nähe San Sebastiáns)
1513	Juli: Heinrich fällt in Frankreich ein
	16. August: Schlacht bei Guinegatte (‹Sporenschlacht›); Einnahme von Thérouanne (21. August, bzw. 24. August)
	9. September: Sieg über die Schotten bei Flodden; Einnahme von Tournai
1514	1. Februar: Thomas Howard, Graf von Surrey, wird zum Herzog von Norfolk und Charles Brandon zum Herzog von Suffolk ernannt
	9. Juli: Friedensvertrag zwischen England und Frankreich, der am 7. August feierlich ausgerufen und am 20. August von Heinrich in Kraft gesetzt wurde; am 13. August heiratet Heinrichs Schwester Maria Ludwig XII., eine Eheschließung, die am 9. Oktober in Abbeville wiederholt wird; am 5. November erfolgt die Krönung Marias
1515	1. Januar: Tod Ludwigs XII.; Franz I. (1515–47) wird König von Frankreich (Krönung am 25. Januar)
	Februar: Suffolk heiratet heimlich Heinrichs Schwester Mary
	13. bzw. 14. September: Sieg Franz' I. bei Marignano
1515–1516	Heinrich finanziert militärische Operationen Kaiser Maximilians und der Schweiz gegen Frankreich in Norditalien
1516	23. Januar: Tod Ferdinands von Aragon; sein Enkel, Karl von Kastilien und Österreich, wird König von Spanien

| | 18. Februar: Geburt Marias, der Tochter Heinrichs und Katharina von Aragons, der späteren Königin Maria I. (1553–58)
August 1516: Freundschaftsvertrag von Noyon zwischen Karl und Franz |
|---|---|
| 1517 | 1. Mai: Blutiger, ausländerfeindlicher Aufruhr in London |
| 1518 | 6. März: Papst Leo X. verkündet feierlich einen fünfjährigen Waffenstillstand
2. Oktober: Vertrag von London zwischen England, Frankreich, Spanien und dem Kaiser (europäische Friedensordnung)
4. Oktober: Bilateraler Vertrag zwischen England und Frankreich |
| 1519 | 23. Januar: Tod Kaiser Maximilians; Karl V. wird Kaiser des Heiligen Römischen Reiches nach einem Wahlsieg (28. Juni) über Franz I. und Heinrich; Geburt von Heinrich Fitzroy, dem unehelichen Sohn Heinrichs und Elisabeth Blounts (wird am 16. Juni 1525 zum Herzog von Richmond ernannt) |
| 1520 | Fürstentreffen: vom 27. bis 29. Mai Begegnung zwischen Heinrich und Karl V. in Dover und Canterbury; vom 7. bis 23. Juni Heinrich und Franz I. auf dem ‹Güldenen Feld› und vom 10. bis 13. Juli erneut Heinrich und Karl in Gravelines |
| 1521 | 12. Mai: Predigt John Fishers über die Gottlosigkeit Martin Luthers und öffentliche Verbrennung lutherischer Schriften
17. Mai: Hinrichtung des Herzogs von Buckingham
25. August: Vertrag von Brügge
Oktober: Heinrichs Buch gegen Luther wird dem Papst vorgelegt; Heinrich erhält als Anerkennung den Titel ‹Defensor Fidei› (Verteidiger des Glaubens) |
| 1522 | Juni–Juli: Karl V. besucht England; England erklärt Frankreich den Krieg |
| 1523 | Invasion englischer Truppen in Nordfrankreich; die englischen Truppen unter Suffolk ziehen sich erst 100 Kilometer vor Paris zurück |
| 1525 | 24. Februar: Franz I. wird von den Truppen Karls V. in Pavia gefangengenommen
August: Vertrag von ‹The Moor› zwischen England und Frankreich |
| 1526 | 14. Januar: Vertrag von Madrid zwischen Karl V. und Franz I., der danach aus der Gefangenschaft entlassen wird
Heinrich unterstützt die Heilige Liga des Papstes und der italienischen Staaten gegen den Kaiser
20. September: Erste Eroberung Roms durch die Truppen Karls V. |
| 1527 | Vertrag von Westminster zwischen Heinrich und Franz I.
6. Mai: ‹Sacco di Roma›: Plünderung Roms durch die kaiserlichen Truppen
17. Mai: Heinrich leitet das ‹Scheidungsverfahren› gegen Katharina von Aragon ein; Geheimverhandlungen in Wolseys Stadtpalast
18. August: Bündnisvertrag zwischen Frankreich und England in Amiens |
| 1528 | Januar: England und Frankreich erklären Karl V. den Krieg |
| 1529 | 31. Mai–23. Juli: ‹Scheidungsprozeß› im Blackfriars Konvent
5. August: Frieden von Cambrai, der sogenannte Damenfrieden |

	9. Oktober: Thomas Wolsey wird aller seiner Ämter enthoben; Sir Thomas More wird sein Nachfolger als Lordkanzler
	1. Dezember: Petition mit 44 Anklagepunkten gegen Wolsey
1530	12. Juni: Brief des Great Council an den Papst: Scheidung Heinrichs nötig für die Sicherheit des Reichs
	4. November: Verhaftung Wolseys
	29. November: Tod Wolseys
1531	24. Januar: Die südliche Konvokation erkennt Heinrich als Oberhaupt der Kirche von England an, mit der Einschränkung «soweit das Gesetz Christi dies erlaubt», im Mai folgt die nördliche Konvokation nach
	30. März: Bericht des Lordkanzlers über die Antworten der europäischen Universitäten
	11. Juli: Heinrich trennt sich von Katharina von Aragon
1532	Mitte März: Annatengesetz
	18. März: Antiklerikale Petition des Unterhauses
	15. Mai: Unterwerfung des Klerus; Sir Thomas More tritt von seinem Amt als Lordkanzler zurück (16. Mai)
	24. August: Tod William Warhams, des Erzbischofs von Canterbury
1533	25. Januar: Heinrich heiratet heimlich Anne Boleyn
	30. März: Thomas Cranmer wird zum Erzbischof von Canterbury geweiht (päpstliche Ernennungsbulle vom 21. Februar)
	23. Mai: Thomas Cranmer erklärt Heinrichs Ehe mit Katharina von Aragon für ungültig und am 28. Mai die Ehe mit Anne Boleyn für gültig; am 1. Juni wird Anne Boleyn zur Königin gekrönt
	7. September: Geburt Elisabeths, der Tochter Heinrichs und Anne Boleyns, der späteren Königin Elisabeth I. (1558–1603)
1533–1535	Widerstand Katharinas und ihrer Tochter Maria
1534	12. März: 2. Annatengesetz
	30. März: Sukzessionsgesetz und Sukzessionseid
	13. April: Eid auf die Thronfolge; Verhaftung Thomas Mores und des Bischofs von Rochester, John Fisher, wegen Eidesverweigerung
	November: Suprematsakte und Verschärfung der Hochverratsgesetze
1535	Januar: Thomas Cromwell wird Generalvikar des Königs
	29. April: Prozeß und Hinrichtungen der Kartäusermönche am 4. Mai
	Mai: Prozeß gegen 23 niederländische Wiedertäufer
	20. Mai: Papst Clemens VII. ernennt John Fisher zum Kardinal
	17. Juni: Prozeß und Hinrichtung John Fishers am 22. Juni
	1. Juli: Prozeß und Hinrichtung Sir Thomas Mores am 6. Juli
1536	8. Januar: Tod Katharina von Aragons
	Februar: Auflösung der kleineren Klöster
	30. April–15. Mai: Prozeß und Hinrichtung Anne Boleyns (19. Mai); Heinrich heiratet Jane Seymour (20. Mai, bzw. 30. Mai)
	15. Juni: Maria unterwirft sich ihrem Vater
	22. Juli: Tod des Herzogs von Richmond
	Oktober: Aufstände in Lincolnshire und Yorkshire, die sogenannte ‹Pilgrimage of Grace› (Gnadenwallfahrt)

1537	Januar–Juli: Niederschlagung des Aufruhrs und Hinrichtung der ‹Rädelsführer› der Rebellen
	12. Oktober: Geburt des Prinzen Edward, des späteren Königs Edward VI. (1547–53); Tod Jane Seymours im Kindbett am 24. Oktober
1537–1539	‹Freiwillige› Übergabe und Auflösung der großen Klöster
1538	18. Juni: Waffenstillstand von Nizza zwischen Karl V. und Franz I.
1539	April: Heinrich bereitet England auf eine drohende Invasion vor
	Mai–Juli: Parlament verabschiedet das Gesetz über die Sechs Artikel (2. Juni)
1540	6. Januar: Heinrich heiratet Anna von Kleve
	9. Juli: Konvokation annulliert die Ehe Heinrichs und Annas, ein Entscheid, der wenige Tage später vom Parlament bestätigt wird
	28. Juli: Hinrichtung von Thomas Cromwell; Hinrichtung von Robert Barnes und anderen Ketzern am 30. Juli
	28. Juli: Heinrich heiratet Catherine Howard und stellt sie am 8. August offiziell als Königin vor
1541	19. Juni: Irisches Parlament ruft Heinrich zum König von Irland aus
	November: Verhaftung und Entlarvung Catherine Howards, die am 13. Februar 1542 hingerichtet wird
1542	24. November: Sieg der Engländer über die Schotten bei Solway Moss
	14. Dezember: Tod Jakobs V. von Schottland, die Krone fällt damit an die sechs Tage alte Maria Stuart
1543	Februar: Bündnis zwischen Heinrich und Karl V. gegen Frankreich
	1. Juli: Heiratsvertrag zwischen England (Edward) und Schottland (Maria Stuart)
	12. Juli: Heinrich heiratet Catherine Parr; protestantische Ketzer werden in Windsor verbrannt
	September: Schottland erklärt nach Unruhen den Heiratsvertrag mit England für nichtig
1543–1545	Krieg gegen Schottland; Verwüstung schottischer Grenzdörfer
1544	7. und 8. Mai: Englische Truppen brennen Edinburgh nieder
	Juli: Heinrich fällt in Frankreich ein und nimmt im September Boulogne ein; Karl V. schließt Separatfrieden mit Frankreich
1545	27. Februar: Vernichtende Niederlage der Engländer bei Ancrum Moor gegen die Schotten
	Juli: Drohende Invasion der Franzosen; Seegefechte und Untergang der «Mary Rose» am 19. Juli
1546	7. Juni: Friede von Camp zwischen England und Frankreich
	16. Juli: Anne Askew und andere Protestanten werden als Ketzer verbrannt
	12. Dezember: Verhaftung des Herzogs von Norfolk und seines Sohnes, des Grafen von Surrey, wegen Hochverrats; Norfolk unterschreibt am 12. Januar 1547 ein Schuldgeständnis; Surrey wird am 19. Januar 1547 hingerichtet
1547	28. Januar: Tod Heinrichs VIII.

Zeugnisse

Sir Thomas More
Master Cromwell, Ihr seid nun in den Dienst eines sehr edlen, weisen und weitherzigen Fürsten getreten. Wenn ich Euch einen bescheidenen Hinweis geben darf, so solltet Ihr Seiner Gnaden bei Euren Ratschlägen immer sagen, was er tun soll, und niemals, was er tun kann. Denn wenn ein Löwe um die ihm eigene Kraft wüßte, würde es für jedermann schwer sein, ihn zu lenken.
Um 1533, überliefert von William Roper,
«The Lyfe of Sir Thomas More», um 1557

Sir Walter Raleigh
Was König Heinrich VIII. angeht: Wenn alle Bilder und Berichte von grausamen Fürsten auf der Welt verlorengingen, so könnten sie doch nach dem Vorbild dieses Königs wieder gemalt und geschrieben werden.
«The History of the World», 1614

Johann Wolfgang von Goethe
Die zwei Rosen waren in der Person des Königs Heinrich VII. vereinigt, dessen Regierung, wie seine Gemütsart, heimlich, streng, eifersüchtig, geizig, aber dabei siegreich und weise war... Die Regierung Heinrichs VIII. war kräftig, kühn, prächtig, freigebig und gelehrt, aber die Veränderung der Religion trat ein, und dies allein war genug, den Geist der Menschen zu beschäftigen.
«Farbenlehre», 1810

Charles Dickens
Die schlichte Wahrheit ist, daß Heinrich VIII. ein unerträglicher Raufbold und blutrünstiger Schurke war, eine Schande für die Menschheit, eine fettige und blutige Narbe der Geschichte Englands.
«A Child's History of England», 1852–54

Jacob Burckhardt
Eine unter den Fürsten seltene Mixtur: Heinrich VIII. ist Lümmel und Teufel zugleich.
«Historische Fragmente», postum veröffentlicht 1929–33

Sir Winston Churchill
Heinrichs Herrschaft zeitigte viele Fortschritte in der Entwicklung und in der Struktur des englischen Staates, aber es gereicht dieser Regierung zur Schande,

daß man sich ihrer in der Hauptsache wegen der vielen Hinrichtungen erinnert ... Dennoch wandten sich Heinrichs Untertanen nicht in Abscheu von ihm ab. Es war ihm gelungen, inmitten der allgemeinen europäischen Unruhen ohne Armee oder Polizeimacht Ordnung zu wahren, und er hatte England in eine Zucht genommen, die sonst nirgendwo zu finden war. Ein Jahrhundert religiöser Kriege ging vorüber, ohne daß Engländer um des Glaubens willen Hand an ihre Landsleute legten. Heinrichs Regierung darf den Ruhm für sich in Anspruch nehmen, die englische Seemacht begründet, den parlamentarischen Institutionen wieder neuen Auftrieb gegeben, dem Volke die englische Bibel geschenkt und vor allem eine volkstümliche Monarchie gefestigt zu haben, unter der Generationen einträchtig an der Größe Englands arbeiteten, während Frankreich und Deutschland sich in Bruderkriegen zerfleischten.

«A History of the English Speaking Peoples», 1956–58

Jasper Ridley

In den 38 Jahren seiner Herrschaft, die er mit siebzehn begann und die mit 55 endete, nahm er die Dienste anderer in Anspruch und hörte auf ihren Rat, aber er traf alle Entscheidungen selbst, ob bei der Jagd, beim Bogenschießen im Park von Hampton Court, im Lager von Boulogne oder im Krankenbett in Whitehall. Heinrich war eine stattliche Erscheinung, ein jovialer bon vivant, mit seinem Lebenshunger, seiner Liebe zur Musik und den schönen Frauen – und mit grausamen Schweinsäuglein.

«Heinrich VIII.», 1984

Theo Stemmler

Weitaus vielfältiger und berechtigter sind die Vorwürfe an die Adresse Heinrichs. Sie reichen von verzeihlichen bis zu unverzeihlichen Schwächen seines Charakters: Hypochondrie, Jähzorn, Unstetigkeit, Eitelkeit, Verschwendungssucht, Wettleidenschaft, Grausamkeit. Ob man einen gemeinsamen Nenner für solche Eigenschaften finden kann? Vielleicht ist er in einer ausgeprägten Egomanie Heinrichs zu suchen, die ihn alles stets auf seine eigene Person beziehen ließ, die ihn zur Selbstdarstellung verleitete, die ihn zum brutalen Durchsetzen seiner Ziele drängte und die ihn zur mitleidlosen Beseitigung seiner Gegner trieb.

«Die Liebesbriefe Heinrichs VIII. an Anna Boleyn», 1988

Ulrich Suerbaum

Es ist bequem und üblich, Fälle von Unrecht ... durch den Vergleich mit blutigeren Ereignissen in Frankreich oder Deutschland zu relativieren und die Schuld zu lokalisieren, indem man sie ganz auf die Perfidie Cromwells und die Grausamkeit Heinrichs schiebt. Wir sollten aber nicht verdrängen, daß ein beträchtlicher Teil der herrschenden Schicht sich durch aktive Hilfe bei Heinrichs Schafottpolitik mitschuldig gemacht hat. Heinrich VIII. war ein Fetischist der Legalität. Alle Todesurteile, ob sie angeblich verräterische Politiker oder angeblich untreue Königinnen betrafen, wurden von Tribunalen aus Aristokraten und Amtsträgern verhängt, die sehr wohl in der Lage waren, die mangelnde Stichhaltigkeit oder Farcenhaftigkeit vieler Anklagepunkte zu durchschauen. Man duckte sich, man schwieg, man machte mit.

«Das elisabethanische Zeitalter», 1989

Bibliographie

Die folgende Auswahlbibliographie enthält weiterführende Hinweise für den interessierten Leser. Umfangreichere Bibliographien für den behandelten Zeitraum bieten C. READ (Hg.), Bibliography of British History: Tudor Period, 1485–1603, 2. Aufl. Oxford 1959, M. LEVINE (Hg.), Tudor England, 1485–1603, Cambridge 1968 und G. NIEDHART (Hg.), Einführung in die englische Geschichte, München 1982, bes. 79ff und 187ff. Bücher und Aufsätze, die zwischen 1967 und 1974 veröffentlicht wurden, sind vollständig erfaßt in den von H. J. CREATON herausgegebenen Writings on British History, Institute of Historical Research, London 1982–1986. Die nach 1975 erschienene einschlägige Literatur ist über die von der Royal Historical Society herausgegebene Annual Bibliography of British and Irish History, Brighton 1976ff, bequem und vollständig zugänglich.

Die Titel von abgeschlossenen oder in Arbeit befindlichen Dissertationen sowie Informationen über weitere Forschungsprojekte bieten J. M. HORN (Hg.), History Theses, 1971–1980, Institute of Historical Research, London 1984, und die ebenfalls vom Institute of Historical Research herausgegebene Reihe Historical Research for University Degrees in the United Kingdom.

1. Quellen

a) Manuskripte
British Museum (London):
1. State Papers in:
    1. Cotton MSS, Caligula D vi–ix; Cleopatra C v; E iv–vi; F ii; Galba B v; D v und vii; Nero B vi; Otho C x; Titus B i; Vespasian C vii; Vitellius B ii–iv; vi; xi und xii; xix–xxi
    2. Additional MSS 15,387; 19,649; 25,114; 28,578; 48,044
2. Traktate über die Scheidung Heinrichs VIII. in:
    Cotton MS, Otho C x; Harley MS 417; Additional MSS 4,622; 28,582
Public Record Office (London):
1. State Papers of Henry VIII (S. P. 1) 13, 16, 17, 19, 21–23, 27, 42, 54, 57, 59, 70, 74, 98, 105, 135, 166, 167, 175, 178, 210, 236, 238, 241
2. State Papers of Henry VIII, Folio (S. P. 2) C, L, N und P
3. Theological Tracts (S. P. 6) 3, 5, 8 und 9
4. Exchequer Records, Treasury of Receipt, Miscellaneous Books (E. 36) 215 und 217; King's Remembrancer, Memoranda Rolls (E. 159) 309–314
5. King's Bench Records, Ancient Indictments (K. B. 9) 518; Coram Rege Rolls (K. B. 27) 1080–1091; Controlment Rolls (K. B. 29) 164–167
6. Traktate über die Scheidung Heinrichs VIII. in:
    S. P. 1/42, 59, 63 und 64
House of Lords Record Office (London):
Original Act, 32 Henry VIII, c. 60
Bodleian Library (Oxford):
WILLIAM LATIMER, ‹Treatise› on Anne Boleyn, MS Don. C. 42
Vatikanische Archive (Rom):
Arm. xxxix, 23, fol. 689

b) Gedruckte Quellen

Acts of the Privy Council of England, hg. von J. R. DASENT et alii. 46 Bde. London 1890–1964
BACON, F., Historie of the raigne of King Henry the seventh (1622), hg. von J. R. LUMBY. Cambridge 1885
BELLAY, M. DU, Mémoires de Martin Du Bellay, hg. von PETITO. 2 Bde. Paris 1820
BRADFORD, W. (Hg.), Correspondence of the Emporer Charles V. and his Ambassadors at the Courts of England and France, from the Original Letters in the Archives at Vienna, with the Emperor's Itinerary 1519–1551. London 1850
BRERETON, W., Letters and Accounts of William Brereton, hg. von E. W. IVES. Record Society of Lancashire and Cheshire Bd. 116. London 1976
Calendar of Letters, Despatches, and State Papers Relating to the Negotiations between England and Spain, hg. von G. A. BERGENROTH et alii. London 1862–1954
Calendar of Papal Registers. London 1893ff
Calendar of Patent Rolls, Henry VII. London 1914–1916
Calendar of State Papers, Milan (1385–1618), hg. von A. B. HINDS. London 1912
Calendar of State Papers and Manuscripts Relating to English Affairs in the Archives of Venice and other Libraries in Northern Italy, hg. von R. BROWN et alii. London 1864–1947
CAVENDISH, G., The Life of Cardinal Wolsey and Metrical Visions, hg. von S. W. SINGER. London 1825
CAVENDISH, G., The Life and Death of Cardinal Wolsey, hg. von R. S. SYLVESTER, EETS OS Bd. 243. London 1959
Chronicle of Calais in the reigns of Henry VII and Henry VIII, hg. von J. G. NICHOLS, Camden Society Bd. 35. London 1846
Chronicle of King Henry VIII of England, hg. von M. A. S. HUME. London 1889
CRANMER, T., Miscellaneous Writings and Letters of Thomas Cranmer, hg. von J. E. COX, Parker Society. London 1844–1846
CROMWELL, T., The Life and Letters of Thomas Cromwell, hg. von R. B. MERRIMAN. 2 Bde. Oxford 1902
Cronica del Rey Enrico Otava de Inglaterra, hg. von MARQUIS DE MOLINS. Madrid 1874
The Divorce Tracts of Henry VIII, hg. von E. SURTZ und V. MURPHY, Vorwort von JOHN GUY. Angers 1988
EHSES, S. (Hg.), Römische Dokumente zur Geschichte der Ehescheidung Heinrichs VIII. von England, 1527–1534. Paderborn 1893
ELLIS, H. (Hg.), Original Letters Illustrative of English History. London 1824–1846
ELTON, G. R. (Hg.), The Tudor Constitution, 2. Aufl. Cambridge 1982
ERASMUS VON ROTTERDAM, Opus Epistolarum Des. Erasmi Roterodami, hg. von P. S. ALLEN, H. M. ALLEN und H. W. GARROD, 12 Bde. Oxford 1906–1958
Fox, R., The Letters of Richard Fox, hg. von P. S. und H. M. ALLEN. Oxford 1929
FOXE, J., Acts and Monuments (The Book of Martyrs), hg. von J. PRATT, 8 Bde. London 1874
FUENSALIDA, G. G. DE, Correspondencia de Gutierre Gomez de Fuensalida, hg. von DUQUE DE BERWICK Y DE ALBA. Madrid 1907
GIUSTINIAN, S., Four Years at the Court of Henry VIII: Selections of Despatches written by the Venetian Ambassador Sebastian Giustinian, hg. von R. BROWN, 2 Bde. London 1854
The Great Chronicle of London, hg. von A. H. THOMAS und I. D. THORNLEY. London 1938
HALL, E., The Union of the Two Noble and Illustre Fameliers of York and Lancaster. London 1548/ND Menston 1970
HEINRICH VIII., Love Letters of Henry VIII, hg. von H. SAVAGE. London 1949
HEINRICH VIII., The Letters of King Henry VIII, hg. von M. ST. C. BYRNE, 2. Aufl. London 1968
HEINRICH VIII., Die Liebesbriefe Heinrichs VIII. an Anna Boleyn, hg. von T. STEMMLER. Zürich, Stuttgart 1988
HEINRICH VIII., Miscellaneous Writings of Henry the Eighth, hg. von F. MACNAMARA. London 1924
HERBERT, LORD EDWARD (OF CHERBURY), The life and raigne of King Henry the eighth. London 1649
HOLINSHED, R., Chronicles of England, Scotland, and Ireland, hg. von H. ELLIS, 6 Bde. London 1807–1808
HUGHES, P. L., und J. F. LARKIN (Hg.), Tudor Royal Proclamations, Bd. 1: The Early Tudors (1485–1553). London 1964
JACOBS, E., und E. DE VITRAY (Hg.), Heinrich VIII. von England in Augenzeugenberichten. Düsseldorf 1969
KAULEK, J. (Hg.), Correspondance politique de MM. de Castillon et de Marillac, amb. de France en Angleterre 1537–1542. Paris 1885

Letters and Papers, Foreign and Domestic, of the Reign of Henry VIII, 1509–1547, hg. von J. S. BREWER et alii. London 1862–1932
Letters and Papers Illustrative of the Reigns of Richard III and Henry VII, hg. von J. GAIRDNER, Rolls Series. 2 Bde. London 1861–1863
The Lisle Letters, hg. von M. ST. CLARE BYRNE. Chicago, London 1981
London Chronicle in the times of Henry VII and Henry VIII, hg. von C. HOPPER, Camden Miscellany Bd. 4, Camden Society. London 1859
MATTINGLY, G. (Hg.), Further Supplement to Letters, Despatches and State Papers Relating to the Negotiations between England and Spain. London 1940
MORE, T., The Correspondence of Sir Thomas More, hg. von E. F. ROGERS. Princeton 1947
MORE, T., Selected Letters, hg. von E. F. ROGERS. New Haven, London 1961
MORE, T., Latin Poems, hg. von C. H. MILLER, L. BRADNER, C. A. LYNCH, R. P. OLIVER. Complete Works Bd. 3, Part 2. New Haven, London 1984
POCOCK, N. (Hg.), Records of the Reformation, the Divorce 1527–1533, 2 Bde. Oxford 1870
POLLARD, A. F. (Hg.), Tudor Tracts. London 1903
POLLARD, A. F. (Hg.), The Reign of Henry VII from Contemporary Sources, 3 Bde. London 1913–1914
ROPER, W., The Lyfe of Sir Thomas Moore, Knight, hg. von E. VAUGHAN HITCHCOCK, EETS OS Bd. 197. London 1935
ROPER, W., Das Leben des Thomas Morus, ins Deutsche übertragen von H. BUHR-OHLMEYER. Heidelberg 1986
State Papers during the Reign of Henry VIII, 11 Bde. London 1830–1852
Statutes of the Realm, 11 Bde. London 1810–1828
TAWNEY, R. H., und E. POWER (Hg.), Tudor Economic Documents, 3 Bde. London 1924
VERGIL, P., The Anglica Historia of Polydore Vergil, hg. von D. HAY, Camden Society Bd. 74. London 1950

2. Sekundärliteratur

ALSOP, J. D., The Theory and Practice of Tudor Taxation, in: English Historical Review 97 (1982), 1–30
ALSOP, J. D., Innovation in Tudor Taxation, in: English Historical Review 99 (1984), 83–93
ALSOP, J. D., The Structure of Early Tudor Finance, c. 1509–1558, in: C. COLEMAN und D. R. STARKEY (Hg.), Revolution Reassessed: Revisions in the History of Tudor Government and Administration. Oxford 1986, 135–162
ANDREWS, K. R., Trade, Plunder and Settlement: Maritime Enterprise and the Genesis of the British Empire, 1480–1630. Cambridge 1984
APPLEBY, A. B., Famine in Tudor and Stuart England. Liverpool 1978
BAUMANN, U. (Hg.), Henry VIII In History, Historiography and Literature. Frankfurt a. M., Berlin, Bern, New York, Paris, Wien 1992
BAUMANN, U., und H.-P. HEINRICH, Thomas Morus, Humanistische Schriften, Erträge der Forschung Bd. 243. Darmstadt 1986
BAUMER, F. LE VAN, The Early Tudor Theory of Kingship. New York 1966
BEDOUELLE, G., und P. LE GAL, Le ‹Divorce› de Henry VIII. Genf 1987
BERNARD, G. W., The Power of the Early Tudor Nobility: A Study of the Fourth and Fifth Earls of Shrewsbury. Brighton 1985
BERNARD, G. W., The Pardon of the Clergy Reconsidered, in: Journal of Ecclesiastical History 37 (1986), 258–282
BERNARD, G. W., War, Taxation and Rebellion in Early Tudor England: Henry VIII, Wolsey and the Amicable Grant of 1525. Brighton 1986
BERNARD, G. W., The Fall of Anne Boleyn: A Rejoinder, in: English Historical Review 107 (1992), 665–674
BERNARD, G. W., Anne Boleyn's Religion, in: Historical Journal 36 (1993), 1–20
BINDOFF, S. T. (Hg.), The House of Commons, 1509–1558, 3 Bde. London 1982
BLATCHER, M., The Court of King's Bench, 1450–1550. London 1978
BOTTIGHEIMER, K. S., The Reformation in Ireland Revisited, in: Journal of British Studies 15 (1976), 140–149
BOVENTER, H., und U. BAUMANN (Hg.), Europa. Wiege des Humanismus und der Reformation. 5. Internationales Symposion der ‹Amici Thomae Mori› 20. bis 27. Mai 1995 in Mainz. Frankfurt a. M., Berlin, Bern, New York, Paris, Wien 1997
BOWKER, M., Lincolnshire 1536: Heresy, Schism or Religious Discontent?, in: D. BAKER (Hg.), Schism, Heresy and Religious Protest. Cambridge 1972, 195–212

BOWKER, M., The Supremacy and the Episcopate: The Struggle for Control, 1534–1540, in: Historical Journal 18 (1975), 227–243
BOWKER, M., The Henrician Reformation: The Diocese of Lincoln under John Longland, 1521–1547. Cambridge 1981
BOWLE, J., Henry VIII. London 1964
BRADDOCK, R. C., The Rewards of Office-holding in Tudor England, in: Journal of British Studies 14 (1975), 29–47
BRADSHAW, B., The Irish Constitutional Revolution of the Sixteenth Century. Cambridge 1979
BRIGDEN, S. E., Popular Disturbance and the Fall of Thomas Cromwell and the Reformers, 1539–1540, in: Historical Journal 24 (1981), 257–278
BRIGDEN, S. E., Religion and Social Obligation in Early Sixteenth-Century London, in: Past and Present 103 (1984), 67–112
BRIGDEN, S. E., Youth and the English Reformation, in: P. SLACK (Hg.), Rebellion, Popular Protest and the Social Order in Early Modern England. Cambridge 1984, 77–107
BROOKS, C. W., Pettyfoggers and Vipers of the Commonwealth: The ‹Lower Branch› of the Legal Profession in Early Modern England. Cambridge 1986
CHAMBERS, D. S., Cardinal Wolsey and the Papal Tiara, in: Bulletin of the Institute of Historical Research 38 (1965), 20–30
CHIBI, A. A., The Interpretation and Use of Divine and Natural Law in the First Marriage Crisis of Henry VIII, in: Archiv für Reformationsgeschichte 85 (1994), 265–286
CHRIMES, S. B., Henry VII. London 1972/ND 1977
CLARK, P., English Provincial Society from the Reformation to the Revolution: Religion, Politics and Society in Kent, 1500–1640. Hassocks 1977
CLARK, P., und P. SLACK (Hg.), Crisis and Order in English Towns, 1500–1700. London 1972
CLARK, P., und P. SLACK (Hg.), English Towns in Transition, 1500–1700. Oxford 1976
CLAY, C. G. A., Economic Expansion and Social Change: England, 1500–1700, 2 Bde. Cambridge 1984
CLEBSCH, W. A., England's Earliest Protestants, 1520–1535. New Haven 1964
COLEMAN, C., und D. R. STARKEY (Hg.), Revolution Reassessed: Revisions in the History of Tudor Government and Administration. Oxford 1986
CONDON, M. M., Ruling Elites in the Reign of Henry VII, in: C. ROSS (Hg.), Patronage, Pedigree and Power. Gloucester 1979, 109–142
COOPER, J. P., Land, Men and Beliefs: Studies in Early Modern History. London 1983
CRESSY, D., Literacy and the Social Order: Reading and Writing in Tudor and Stuart England. Cambridge 1980
CRESSY, D., Spectacle and Power: Apollo and Solomon at the Court of Henry VIII, in: History Today 32 (1982), 16–22
CRUICKSHANK, C. G., The English Occupation of Tournai 1513–1519. Oxford 1971
DAVIES, C. S. L., Popular Religion and the Pilgrimage of Grace, in: A. FLETCHER und J. STEVENSON (Hg.), Order and Disorder in Early Modern England. Cambridge 1985, 58–91
DAVIS, J. F., Heresy and Reformation in the South-East of England, 1520–1559. London 1983
DEWHURST, J., The Alleged Miscarriages of Catherine of Aragon and Anne Boleyn, in: Medical History 28 (1984), 49–56
DICKENS, A. G., Thomas Cromwell and the English Reformation. London 1959
DICKENS, A. G., The English Reformation. London 1964/ND 1966
DODDS, M. H., und R. DODDS, The Pilgrimage of Grace, 1536–1537, and the Exeter Conspiracy, 1538, 2 Bde. Cambridge 1915
DOWLING, M., Anne Boleyn and Reform, in: Journal of Ecclesiastical History 35 (1984), 30–46
DOWLING, M., Humanism in the Age of Henry VIII. London 1986
DUFFY, E., The Stripping of Altars: Traditional Religion in England 1400–1580. New Haven 1993
ELLIS, S. G., The Kildare Rebellion and the Early Henrician Reformation, in: Historical Journal 19 (1976), 807–830
ELLIS, S. G., Tudor Policy and the Kildare Ascendancy in the Lordship of Ireland, 1496–1534, in: Irish Historical Studies 20 (1977), 235–271
ELLIS, S. G., Tudor Ireland: Crown, Community and the Conflict of Cultures, 1470–1603. London 1985
ELLIS, S. G., Crown, Community and Government in the English Territories, 1450–1575, in: History 71 (1986), 187–204

ELLIS, S. G., Reform and Revival: English Government in Ireland, 1470–1534. Woodbridge 1986
ELTON, G. R., The Commons' Supplication of 1532: Parliamentary Manoeuvres in the Reign of Henry VIII, in: English Historical Review 66 (1951), 507–534
ELTON, G. R., Thomas Cromwell's Decline and Fall, in: Cambridge Historical Journal 10 (1951), 150–185
ELTON, G. R., The Tudor Revolution in Government. Cambridge 1953
ELTON, G. R., King or Minister? The Man Behind the Henrician Reformation, in: History 39 (1954), 216–232
ELTON, G. R., Henry VIII: An Essay in Revision. London 1962/ND 1970
ELTON, G. R., Sir Thomas More and the Opposition to Henry VIII, in: Bulletin of the Institute of Historical Research 41 (1968), 19–34
ELTON, G. R., Policy and Police: The Enforcement of the Reformation in the Age of Thomas Cromwell. Cambridge 1972
ELTON, G. R., Reform and Renewal: Thomas Cromwell and the Common Weal. Cambridge 1973
ELTON, G. R., England Under the Tudors, 2. Aufl. London 1974
ELTON, G. R., Studies in Tudor and Stuart Politics and Government, 3 Bde. Cambridge 1974–1983
ELTON, G. R., Reform and Reformation: England, 1509–1558. London 1977
FERGUSON, A. B., Clio Unbound: Perceptions of the Social and Cultural Past in Renaissance England. Durham 1979
FLETCHER, A., und J. STEVENSON (Hg.), Order and Disorder in Early Modern England. Cambridge 1985
FOX, A. G., und J. A. GUY (Hg.), Reassessing the Henrician Age: Humanism, Politics, and Reform, 1500–1550. Oxford 1986
FRASER, A., The Six Wives of Henry VIII. London 1992
GOULD, J. D., The Great Debasement: Currency and the Economy in Mid-Tudor England. Oxford 1970
GRAVES, M. A. R., The Tudor Parliaments: Crown, Lords and Commons, 1485–1603. London 1985
GRAYEFF, F., Heinrich der Achte. Das Leben eines Königs – Schicksal eines Reiches. Düsseldorf 1961/ND 1978
GRIFFITHS, R. A., und R. S. THOMAS, The Making of the Tudor Dynasty. Gloucester 1985
GUNN, S. J., The Duke of Suffolk's March on Paris in 1523, in: English Historical Review 101 (1986), 596–634
GUY, J. A., Thomas More as Successor to Wolsey, in: Thought: Fordham University Quarterly 52 (1977), 275–292
GUY, J. A., The Cardinal's Court: The Impact of Thomas Wolsey in Star Chamber. Hassocks 1977
GUY, J. A., The Public Career of Sir Thomas More. Brighton 1980
GUY, J. A., Henry VIII and the Praemunire Manoeuvres of 1530–1531, in: English Historical Review 97 (1982), 481–503
GUY, J. A., Law, Faction, and Parliament in the Sixteenth Century, in: Historical Journal 28 (1985), 441–453
GUY, J. A., Law, Lawyers, and the English Reformation, in: History Today 35 (1985), 16–22
GUY, J. A., The Privy Council: Revolution or Evolution?, in: C. COLEMAN und D. R. STARKEY (Hg.), Revolution Reassessed: Revisions in the History of Tudor Government and Administration. Oxford 1986, 59–85
GUY, J. A., Wolsey and the Parliament of 1523, in: D. LOADES et alii (Hg.), Law and Government under the Tudors. Cambridge 1988, 1–18
GUY, J. A., Tudor England. Oxford 1988/ND 1990
GWYN, P. J., Wolsey's Foreign Policy: The Conferences at Calais and Bruges Reconsidered, in: Historical Journal 23 (1980), 755–772
HAIGH, C., Reformation and Resistance in Tudor Lancashire. Cambridge 1975
HAIGH, C., Anticlericalism and the English Reformation, in: History 68 (1983), 391–407
HAIGH, C., Revisionism, the Reformation and the History of English Catholicism, in: Journal of Ecclesiastical History 36 (1985), 394–405
HAIGH, C. (Hg.), The English Reformation Revised. Cambridge 1987
HARRIS, B. J., Edward Stafford, Third Duke of Buckingham, 1478–1521. Stanford 1986
HARRISON, S. M., The Pilgrimage of Grace in the Lake Counties, 1536–1537. London 1981

HARRISS, G. L., Thomas Cromwell's «New Principle» of Taxation, in: English Historical Review 93 (1978), 721–738
HATCHER, J., Plague, Population and the English Economy, 1348–1530. London 1977
HEAL, F., Of Prelates and Princes: A Study of the Economic and Social Position of the Tudor Episcopate. Cambridge 1980
HEAL, F., und R. O'DAY (Hg.), Church and Society in England: Henry VIII to James I. London 1977
HEINRICH, H.-P., Thomas Morus. Reinbek 1984
HEXTER, J. H., Reappraisals in History. London 1961
HICKS, M., Attainder, Resumption and Coercion, 1461–1529, in: Parliamentary History 3 (1984), 15–31
HOAK, D. E., The Secret History of the Tudor Court: The King's Coffers and the King's Purse, 1542–1553, in: Journal of British Studies 26 (1987), 208–231
HOROWITZ, M. R., Richard Empson, Minister of Henry VII, in: Bulletin of the Institute of Historical Research 55 (1982), 35–49
HOSKINS, W. G., The Age of Plunder: The England of Henry VIII, 1500–1547. London 1976
HOULBROOKE, R. A., Henry VIII's Will: A Comment, in: Historical Journal 37 (1994), 891–899
HUTTON, R., The Local Impact of the Tudor Reformations, in: C. HAIGH (Hg.), The English Reformation Revised. Cambridge 1987, 114–138
IVES, E. W., Faction at the Court of Henry VIII: The Fall of Anne Boleyn, in: History 57 (1972), 169–188
IVES, E. W., Court and County Palatine in the Reign of Henry VIII, in: Transactions of the Historic Society of Lancashire and Cheshire 123 (1972), 1–38
IVES, E. W., The Common Lawyers of Pre-Reformation England. Cambridge 1983
IVES, E. W., Anne Boleyn. Oxford 1986
IVES, E. W., Henry VIII's Will: A Forensic Conundrum, in: Historical Journal 35 (1992), 779–804
IVES, E. W., Anne Boleyn and the Early Reformation in England: The Contemporary Evidence, in: Historical Journal 37 (1994), 389–400
JAMES, M. E., Obedience and Dissent in Henrician England: The Lincolnshire Rebellion, 1536, in: Past and Present 48 (1970), 3–78
JAMES, M. E., Society, Politics and Culture: Studies in Early Modern England. Cambridge 1986
JANSEN, S. L., Political Protest and Prophecy under Henry VIII. Woodbridge 1991
KELLY, H. A., The Matrimonial Trials of Henry VIII. Stanford 1976
KELLY, M. J., The Submission of the Clergy, in: Transactions of the Royal Historical Society, 5th ser. 15 (1965), 97–119
KLUXEN, K., Geschichte Englands. Von den Anfängen bis zur Gegenwart. Stuttgart 1968, bes. 166–205
KOEBNER, R., «The Imperial Crown of This Realm»: Henry VIII, Constantine the Great, and Polydore Vergil, in: Bulletin of the Institute of Historical Research 26 (1953), 29–52
KROSS, E., Am Hofe Heinrichs VIII. Leipzig 1992
LEHMBERG, S. E., Sir Thomas Elyot: Tudor Humanist. Austin 1960
LEHMBERG, S. E., Supremacy and Vicegerency: A Re-examination, in: English Historical Review 81 (1966), 225–235
LEHMBERG, S. E., The Reformation Parliament, 1529–1536. Cambridge 1970
LEHMBERG, S. E., The Later Parliaments of Henry VIII, 1536–1547. Cambridge 1977
LEVINE, M., Henry VIII's Use of His Spiritual and Temporal Jurisdictions in His Great Causes of Matrimony, Legitimacy and Succession, in: Historical Journal 10 (1967), 3–10
LOACH, J., und R. TITTLER (Hg.), The Mid-Tudor Policy, c. 1540–1560. London 1980
LOADES, D. M., Politics and the Nation, 1450–1660. London 1974
LOADES, D. M., The Tudor Court. London 1986
LOADES, D. M., The Politics of Marriage: Heinry VIII and His Queens. Strond 1994
LOGAN, F. D., Thomas Cromwell and the Vicegerency in Spirituals: A Reconsideration, in: English Historical Review 103 (1988), 658–667
MACCULLOCH, D., Suffolk and the Tudors: Politics and Religion in an English County, 1500–1600. Oxford 1986
MANNING, R. B., Violence and Social Conflict in Mid-Tudor Rebellions, in: Journal of British Studies 16 (1977), 18–40
MARIUS, R., Thomas More. New York 1984
MATTINGLY, G., Catherine of Aragon. London 1950

Mattingly, G., Renaissance Diplomacy. London 1955
Metzger, F., Das Englische Kanzleigericht unter Kardinal Thomas Wolsey, 1515–1529. Diss. Erlangen 1976
Miller, H., London and Parliament in the Reign of Henry VIII, in: Bulletin of the Institute of Historical Research 35 (1962), 128–149
Miller, H., Henry VIII's Unwritten Will: Grants of Land and Honours in 1547, in: E. W. Ives, R. J. Knecht und J. J. Scarisbrick (Hg.), Wealth and Power in Tudor England. London 1978, 87–105
Miller, H., Henry VIII and the English Nobility. Oxford 1986
Muller, J. A., Stephen Gardiner and the Tudor Reaction. New York 1926
Murphy, V. M., The Debate over Henry VIII' First Divorce: An Analysis of the Contemporary Treatises. Diss. Cambridge 1984
Newcombe, D., Henry VIII and the English Reformation. London 1995
Nicholson, G. D., The Nature and Function of Historical Argument in the Henrician Reformation. Diss. Cambridge 1977
O'Day, R., und F. Heal (Hg.), Continuity and Change: Personnel and Administration of the Church of England, 1500–1642. Leicester 1976
Pocock, J. G. A., The Sense of History in Renaissance England, in: J. F. Andrews (Hg.), William Shakespeare, I: His World. New York 1985, 143–157
Pollard, A. F., Henry VIII. London 1902/ND 1963
Pollard, A. F., Wolsey. London 1929
Pound, J., Poverty and Vagrancy in Tudor England. London 1971/ND 1978
Quinn, D. B., Henry VIII and Ireland, 1509–34, in: Irish Historical Studies 12 (1961), 318–344
Redworth, G., A Study in the Formulation of Policy: The Genesis and Evolution of the Act of Six Articles, in: Journal of Ecclesiastical History 37 (1986), 42–67
Richardson, W. C., Tudor Chamber Administration, 1485–1547. Baton Rouge 1952
Richardson, W. C., The History of the Court of Augmentations, 1536–1554. Baton Rouge 1961
Ridley, J., Thomas Cranmer. Oxford 1962/ND 1966
Ridley, J., The Statesman and the Fanatic: Thomas Wolsey and Thomas More. London 1982
Ridley, J., Heinrich VIII. Eine Biographie (1984). Zürich 1990
Robinson, W. R. B., The Tudor Revolution in Welsh Government, 1536–1543: Its Effects on Gentry Participation, in: English Historical Review 103 (1988), 1–20
Scarisbrick, J. J., The Pardon of the Clergy, 1531, in: Cambridge Historical Journal 12 (1956), 22–39
Scarisbrick, J. J., Henry VIII. London 1968
Scarisbrick, J. J., Cardinal Wolsey and the Common Weal, in: E. W. Ives, R. J. Knecht und J. J. Scarisbrick (Hg.), Wealth and Power in Tudor England. London 1978, 45–67
Scarisbrick, J. J., The Reformation and the English People. Oxford 1984
Schulte Herbrüggen, H., The Process of Sir Thomas More, in: Law Quarterly Review 99 (1983), 113–136
Slack, P., Mortality Crises and Epidemic Disease in England, 1485–1610, in: C. Webster (Hg.), Health, Medicine and Mortality in the Sixteenth Century. Cambridge 1979, 9–59
Slack, P. (Hg.), Rebellion, Popular Protest and the Social Order in Early Modern England. Cambridge 1984
Slack, P., The Impact of Plague in Tudor and Stuart England. London 1985
Slavin, A. J., Politics and Profit: A Study of Sir Ralph Sadler, 1507–1547. Cambridge 1966
Slavin, A. J., Cromwell, Lisle and the Calais Sacramentarians: The Politics of Conspiracy, in: Albion 9 (1977), 316–336
Slavin, A. J., The Gutenberg Galaxy and the Tudor Revolution, in: G. P. Tyson und S. S. Wagonheim (Hg.), Print and Culture in the Renaissance: Essays on the Advent of Printing in Europe. Newark 1986, 90–109
Smith, A. G. R., The Emergence of a Nation State: The Commonwealth of England, 1529–1660. London 1984
Smith, L. B., A Tudor Tragedy. The Life and Times of Catherine Howard. London 1961
Smith, L. B., Henry VIII: The Mask of Royalty. London 1971
Starkey, D. R., Representation through Intimacy: A Study in the Symbolism of Monarchy and Court Office in Early Modern England, in: I. Lewis (Hg.), Symbols and Sentiments: Cross-cultural Studies in Symbolism. London 1977, 187–224
Starkey, D. R., From Feud to Faction: English Politics c. 1450–1550, in: History Today 32 (1982), 16–22
Starkey, D. R., The Reign of Henry VIII: Personalities and Politics. London 1985

STARKEY, D. R., Which Age of Reform?, in: C. COLEMAN und D. R. STARKEY (Hg.), Revolution Reassessed: Revisions in the History of Tudor Government and Administration. Oxford 1986, 13–27
STARKEY, D. R., Court and Government, in: C. COLEMAN und D. R. STARKEY (Hg.), Revolution Reassessed, 29–58
STARKEY, D. R. (Hg.), The English Court: From the Wars of the Roses to the Civil War. London 1987
STARKEY, D. (Hg.), Henry VIII: A European Court in England. London 1991
STONE, L., The Political Programme of Thomas Cromwell, in: Bulletin of the Institute of Historical Research
STONE, L., Family and Fortune: Studies in Aristocratic Finance in the Sixteenth and Seventeenth Centuries. Oxford 1973
STONE, L., The Family, Sex and Marriage in England, 1500–1800. London 1977
STOREY, R. L., The Reign of Henry VII. London 1968
SUERBAUM, U., Das Elisabethanische Zeitalter, Stuttgart 1989, bes. 44–95
SWALES, T. H., The Redistribution of the Monastic Lands in Norfolk at the Dissolution, in: Norfolk Archaeology 34 (1966), 14–44
SWENSEN, P. C., Noble Hunters of the Romish Fox: Religious Reform at the Tudor Court, 1543–1564. Diss. UC Berkeley 1981
THIEME, H., Die Ehescheidung Heinrichs VIII. und die europäischen Universitäten, in: Thomas-Morus-Gesellschaft Jahrbuch 1985/86. Düsseldorf 1986, 85–101
THORNLEY, I. D., The Treason Legislation of Henry VIII (1531–1534), in: Transactions of the Royal Historical Society 11 (1917), 87–123
TRAPP, J. B., und H. SCHULTE HERBRÜGGEN, «The King's Good Servant»: Sir Thomas More 1477/8–1535, Catalogue Published for the Exhibition Held at the National Portrait Gallery from 25 November 1977 to 12 March 1978. London 1977
ULLMANN, W., «This Realm of England is an Empire», in: Journal of Ecclesiastical History 30 (1979), 175–203
WALKER, G., John Skelton and the Politics of the 1520s. Cambridge 1988
WALKER, G., Plays of Persuasion: Drama and Politics at the Court of Henry VIII. Cambridge 1991
WARNICKE, R. M., The Fall of Anne Boleyn: A Reassessment, in: History 70 (1985), 1–15
WARNICKE, R. M., Sexual Heresy at the Court of Henry VIII, in: Historical Journal 30 (1987), 247–268
WARNICKE, R. M., The Fall of Anne Boleyn Revisited, in: English Historical Journal 108 (1993), 653–665
WENDE, P., Geschichte Englands. Stuttgart, Berlin, Köln, Mainz 1985, bes. 92–141
WHITING, R., Abominable Idols: Images and Image-Breaking under Henry VIII, in: Journal of Ecclesiastical History 33 (1982), 30–47
WILLIAMS, P., The Tudor Regime. Oxford 1979
WOLFFE, B. P., The Crown Lands, 1461–1536. London 1970
WOODWARD, G. W. O., The Dissolution of the Monasteries. London 1966/ND 1969
WORMALD, J., Court, Kirk and Community: Scotland, 1470–1625. London 1981
YOUINGS, J. A., The Dissolution of the Monasteries. London 1971
YOUINGS, J. A., Sixteenth-century England. Harmondsworth 1984
ZAGORIN, P., Rebels and Rulers, 1500–1660, 2 Bde. Cambridge 1982
ZELL, M. L., Early Tudor JPs at Work, in: Archaeologia Cantiana 93 (1977), 125–143

Namenregister

Die kursiv gesetzten Zahlen bezeichnen die Abbildungen

Abel, Thomas 118
André, Bernard 14
Anna von Kleve 115f, 118, *115*
Arnold 14
Askew, Anne 127f
Audley, Thomas 83, 86, 93

Bainbridge, Kardinal 8
Barnes, Robert 96, 118f
Beaufort, Lady Margaret 14
Bell, John 72
Bellay, Jean Du 96
Bellay, Martin Du 31, 50, 70f
Blount, Elisabeth 61
Blount, William (Lord Mountjoy) 13, 15, 20
Boleyn, Anne 9, 58, 61f, 68, 70, 72, 83, 85f, 88, 90f, 102f, 108, 119, 120, *87*
Boleyn, George (siehe: Rochford, Viscount)
Boleyn, Mary 61, 68
Boleyn, Thomas (siehe: Graf von Wiltshire)
Bonnivet, Admiral de 50
Brandon, Charles (siehe: Herzog von Suffolk)
Brereton, William 102f
Brion, Admiral von Frankreich 97
Broke, Lord 72

Caesar 14
Calvin, Johannes 121
Campeggio, Lorenzo, Bischof von Salisbury, Kardinal 47, 69f, 92
Carew, George 124
Carey, Lady Eleanor 72f
Casale, Gregory di 71, 96
Cavendish, George 37f, 75

Chapuys, Eustace 75, 89, 95, 96, 99, 101f, 105, 111
Cicero 14
Clemens VII. 53, 68f, 71, 78, 85f, 96, *69*
Clerk, John 57, 82
Coverdale, Miles 121
Cranmer, Thomas 78f, 83, 86f, 89, 91f, 105f, 126f, 132, 133f, *81*
Cromwell, Thomas 75, 77, 79f, 82f, 85, 95, 99f, 102f, 106f, 111f, 115f, 119, 135, *80*
Culpeper, Thomas 119

Dacre, Thomas, Lord Dacre of the North 93f
Darcy, Thomas, Lord 83
Denny, Anthony 132, 133
Dudley, Edmund 20f

Edward der Bekenner 131
Edward, der Schwarze Prinz 26
Edward I. 26
Edward III. 26, 82, 105
Edward IV. 31
Edward VI. 97, 109, 122, 125, 128, 131, 134, *110, 136/137*
Eleonora von Burgund 18f
Elisabeth von York 10, 19, *11*
Elisabeth I. 37, 60, 91, 93, 102, 103, 125, 128, 131, 136, *92, 136/137*
Elton, Geoffrey R. 9, 64, 135
Elvira (Manuel), Donna 17
Empson, Richard 20
Erasmus von Rotterdam 13f, 20, 38
Erhard von der Marck, Bischof von Lüttich 50
Evers, William 123

Featherstone, Richard 118
Ferdinand von Aragon 18f, 25, 28f, 34, 41f, 45, 50f
Fisher, John 8, 19, 57, 68, 82f, 93, 95f, *97*
Fitzroy, Henry (siehe: Graf von Richmond und Somerset)
Fox, Edward, Bischof von Hereford 83
Fox, Richard, Bischof von Winchester 18, 36, 38, 66
Foxe, John 132, 134
Franz, Herzog von Angoulême (siehe: Franz I.)
Franz I. 23, 44f, 50f, 55, 61, 68, 76, 79, 111f, 114, 115, 121f, *46*
Friedrich von der Pfalz 50
Frith, John 91, 121
Fuensalida, Gutierre Gomez de 15, 18, 21

Gardiner, Stephen 78, 83, 126, 130
Garrett, Thomas 118
George, Graf von Shrewsbury 82
Ghinucci, Bischof von Worcester 92, 96
Giustinian, Sebastian 23, 38
Graf von Richmond und Somerset (= Henry Fitzroy) 57, 61, 70, 105
Graf von Surrey (= Henry Howard, Sohn des Herzogs von Norfolk) 130f
Graf von Wiltshire (= Thomas Boleyn) 78, 83, 94
Guy, John A. 9

Hadrian VI. 52f
Hall, Edward 84, 98

Heinrich I. 60
Heinrich V. 26
Heinrich VI. 27
Heinrich VII. 10, 12, 15, 17f, 20f, 26, 35, 38, 50, 57, 61, 66, 99, *11, 100*
Herbert of Cherbury, Lord 12
Herodes 65
Hertford, Graf von (= Edward Seymour) 131, 134
Herzog von Bayern 19
Herzog von Bourbon 43, 53f
Herzog von Buckingham 55f, 61
Herzog von Burgund (siehe: Karl V.)
Herzog von Geldern 28
Herzog von Kleve 114
Herzog von Norfolk (= Thomas Howard, bis 1514 Graf von Surrey) 34f, 68, 72, 74, 75, 78, 83, 86, 90, 93f, 109, 117, 121, 122f, 130f, 134, *131*
Herzog von Orléans 55
Herzog von Sachsen 114
Herzog von Suffolk (= Charles Brandon) 35, 44f, 53, 68, 71f, 74, 75, 78, 83, 93, 122, *44*
Herzogin von Norfolk 120
Hitler, Adolf 135
Hitton, Thomas 82
Holbein, Hans d. J. 113, 115
Homer 14
Hone, William 14
Howard, Catherine 117, 119, 121, *120*
Howard, Edward 30
Howard, Henry (siehe: Graf von Surrey)
Howard, Thomas (siehe: Herzog von Norfolk)
Howard, William, Lord 110, 120
Huett, Andrew 91
Hutten, John 113

Isabella von Kastilien 19
Ives, E. W. 102

Jacobs, Eberhard 8, 61
Jakob IV. von Schottland 14, 34, 45
Jakob V. von Schottland 45, 122
Jakob VI. von Schottland 137
Jerome, William 118
Jesus 68, 83, 106, 108

Johanna von Kastilien («die Wahnsinnige») 46
Johannes der Täufer 66, 118
Jordan, Lady Isabel 72f
Julius II. 18, 27, 30, 68

Karl von Kastilien (siehe: Karl V.)
Karl von Österreich (siehe: Karl V.)
Karl V. 34f, 45f, 50f, 61, 68, 75, 76, 79, 89, 96, 99, 101, 111f, 115, 121f, 130, *113*
Katharina von Aragon 15f, 21, 25, 35, 43, 58f, 63f, 66f, 79, 82, 85, 87, 89, 91f, 96, 101, 103, 111, 113, *59*
Kingston, William 102f
Knight, William 68

Landgraf von Hessen 114
Latimer, Hugh 92
Layton, Richard 99
Legh, Thomas 99
Leo X. 41, 45, 47, 52, 57
Lichtenberg, Georg Christoph 7
Lisle, Lord (= John Dudley) 132
Livius 14
Louise von Angoulême 53
Ludwig II. von Ungarn 55
Ludwig XII. von Frankreich 27, 30, 34f, 41f, 50, *42*
Lukian 76
Luther, Martin 57, 77, 118, 121, *118*

Machiavelli, Niccolò 20
Margaret von Alençon 19
Marillac, Charles de 117
Marquis von Dorset (= Thomas Grey) 28f, 34
Marquis von Pont-à-Mousson 116
Mathilde 60
Maximilian I. 18f, 28f, 34, 41, 45f, 49f, *29, 32/33*
Melfort, John 101
More, Thomas 9, 13f, 21, 23, 74f, 80, 82f, 93, 95f, 99, 103, 119, 127, *76, 98*
Moses 60, 64
Mountjoy, Lord (siehe: William Blount)

Norris, Henry 102f

Ovid 14

Paget, William 132
Parr, Catherine 123, 125, 128, *129*

Paul III. 96
Paulus 128
Philipp, Herzog von Burgund 18
Philipp von Spanien *136/137*
Pole, Edmund de la 31, 61
Pole, Reginald 8, 114, 134
Pollard, A. F. 8, 39
Powell, Edward 118
Puebla, Roderigo Gonzalez de 17

Rastell, John 95
Ratcliffe, Robert, Graf von Sussex 78, 83
Rich, Richard 97, 127
Richard III. 10, 57, 61, 75
Ridley, Jasper 8, 88, 135
Rochford, Lady 119f
Rochford, Viscount (= George Boleyn) 83, 102, 104
Russell, John 131

Sampson, Richard 68
Sandes, William, Lord 78
Scarisbrick, John J. 8, 9, 14, 15, 39, 61, 64, 116, 137
Schiller, Friedrich 8
Seymour, Jane 102, 105, 108f, 112, 134, *107*
Sforza, Francesco 111
Shakespeare, William 137
Shaxton, Nicholas 92
Skelton, John 14
Smeton, Mark 102f
Smith, Lacy B. 7, 8
St. Leger 121
St. John, John 131
Stafford, Edward (siehe: Herzog von Buckingham)
Stalin, Josef 135
Standish, Henry 82
Stemmler, Theo 20, 62
Stewart, John, Herzog von Albany 45, 47
Stokesley, John 96
Stuart, Maria 122, 137
Suerbaum, Ulrich 58

Tacitus 14
Taylor, John 32
Terenz 14
Thomas, der Heilige Th. von Canterbury (= Thomas Becket) 106
Thukydides 14
Tudor, Arthur (Bruder Heinrichs VIII.) 10, 12f, 15f, 64, 66f, 71, 84f
Tudor, Edmund (Bruder Heinrichs VIII.) 14

Tudor, Margarete (Schwester Heinrichs VIII.) 14, 34, 45, 93
Tudor, Maria (Tochter Heinrichs VIII.) 47, 50, 52f, 59f, 70, 89, 90, 93, 108, 112, 121, 125, 128, 131, 134, *42, 44, 88, 136/137*
Tudor, Mary (Schwester Heinrichs VIII.) 14, 34f, 43f

Tunstall, Cuthbert 75, 82, 132
Tyndale, William 82, 108, 121

Unstead, R. J. 7

Vergil 14
Vitray, Eva de 8, 61

Warham, William 36, 38, 59, 67, 82, 86, *36*

West, Nicholas 82
Weston, Francis 102f
Wilson, Nicholas 93
Wolsey, Thomas 8, 24, 35f, 41f, 45, 47, 50, 52f, 61f, 64, 66, 68f, 77f, 80, 82, 83, 95, 109, 117, 119, 135, *37*
Wriothesley, Thomas 127, 131
Wycliffe, John 121

Über den Autor

Uwe Baumann, geboren 1953, Studium der Fächer Geschichte, Englisch und Philosophie in Düsseldorf und Oxford, Promotion zum Dr. phil 1982 in Düsseldorf, Habilitation 1990 an der Heinrich-Heine-Universität Düsseldorf für das Fach Englische Philologie.

Buchpublikationen (Auswahl): Rom und die Juden (1983, 2. Aufl. 1986); Thomas Morus, Epigramme, übersetzt, eingeleitet und kommentiert (1983); Die Antike in den Epigrammen und Briefen Sir Thomas Mores (1984); Antoninus Bassianus Caracalla (1984); Thomas Morus, Humanistische Schriften, Erträge der Forschung (1986, gemeinsam mit H. P. Heinrich); Claudius Tiberius Nero, A Critical Edition of the Play Published Anonymously in 1607 (1990). Zahlreiche Aufsätze und Rezensionen zur englischen Literatur vornehmlich des 16. und 17. und zur amerikanischen Literatur des 19. Jahrhunderts.

Quellennachweis der Abbildungen

Aus: Theo Stemmler: Die Liebesbriefe Heinrichs VIII. an Anna Boleyn. Zürich 1988: 6 / National Portrait Gallery, London: 11, 22, 80, 81, 87 und Umschlagrückseite, 88, 100 / Bibliothèque de Méjanes, Aix-en-Provence: 13 / By permission of the British Library, London: 16, 24, 65, 73 / National Monuments Records: 19 / Tower of London: 26 / Reproduced by Courtesy of the Trustees of the British Museum, London : 29, 42, 84, 94, 108 / 109, 127 / Royal Collection, London. Copyright reserved to Her Majesty the Queen: 32 / 33, 48/49, 92, 120 und Umschlagrückseite, 129 und Umschlagrückseite, 131 / Windsor Castle, Royal Library. © 1990 Her Majesty Queen Elizabeth II.: 36, 51, 76, 97 / Bildarchiv Preußischer Kulturbesitz, Berlin: 37, 69, 90 / The Ashmolean Museum Oxford: 40 / Aus: Neville Williams: Henry VIII. and His Court. London 1971: 44 / Kunsthistorisches Museum, Wien: 59 und Umschlagrückseite, 107 und Umschlagrückseite / Louvre, Paris: 46, 115 und Umschlagrückseite / Österreichische Nationalbibliothek, Wien: 54 / Biblioteca Apostolica Vaticana, Città del Vaticano: 56, 63 / A. F. Kersting: 67 / Aus: Stanley Morison: The Likeness of Thomas More. London 1963: 98 / Department of the Environment: 104 / National Gallery of Art, Washington: 110 / Archiv für Kunst und Geschichte, Berlin: 113 / Kunsthalle Hamburg: 118 (Foto: Kleinhempel) / Society of the Antiquaries of London: 124/125 / Radio Times Hulton Picture Library, London: 133 / Sudeley Castle, Glos.: 136/137